Prisca Gloor Maung

Mediation –
Wie wir uns einigen, wenn wir uns trennen

W0178525

Prisca Gloor Maung

Mediation –
Wie wir uns einigen,
wenn wir uns trennen

Ein Scheidungsratgeber

Herder

Freiburg · Basel · Wien

Gedruckt auf umweltfreundlichem,
chlorfrei gebleichtem Papier

Alle Rechte vorbehalten – Printed in Germany
© Verlag Herder Freiburg im Breisgau 1996
Herstellung: Freiburger Graphische Betriebe 1996
ISBN 3-451-23959-0

Inhalt

Einleitung

Als ich meinen Mann kennenlernte, dachte ich, daß er die „perfekte Scheidung" hinter sich hatte. Er und seine frühere Frau hatten das Umgangsrecht und die finanziellen Aspekte der Scheidung selbst geregelt. Die beiden Jungen kamen jedes zweite Wochenende zu uns, und nach einer etwa halbstündigen Aufwärmphase fingen sie an zu spielen und waren „zu Hause". Gegen Sonntagabend kam eine gedrückte Stimmung auf. Es schien sogar mir, der Stiefmutter, daß dieser Betreuungsplan uns zu wenig Zeit mit den Kindern gab. Mein Mann und seine Exfrau arrangierten Ferien und Feiertage für die Kinder, und manchmal gerieten sie in Streit, was ich als normal ansah, denn sie waren ja geschieden. Plötzlich, nach etwa einem Jahr, waren die Kinder an „unserem" Wochenende verschwunden, und es folgten zwei für die ganze Familie leidvolle Jahre mit mehreren teuren Anwälten und häßlichen Gerichtsverhandlungen, in denen wir die Bitterkeit und das Leid eines Scheidungskampfes erfuhren. Durch zwei Gutachten, Mediation und Therapiesitzungen wurde schließlich die Regelung des gemeinsamen Sorgerechts erarbeitet. Seit über drei Jahren leben die Jungen nun während einer Woche bei ihrer Mutter und während einer Woche bei uns. Die Eltern sprechen immer noch kaum miteinander, informieren sich aber über das Nötigste, und es werden immer noch etwa gleich viele Spielsachen, Kleidungsstücke und Schulbücher im anderen Haus vergessen wie zuvor. Wenn ich mir die Jungen betrachte, dann sehe ich spielende, lachende und streitende Kinder, die sich ganz „normal" verhalten. Auch bei ihren Freunden kann ich nicht erraten, welche von ihnen geschiedene Eltern haben.

9

Sind aber Scheidungskinder nicht hin- und hergerissen zwischen den Eltern, haben sie nicht Probleme in der Schule und fallen durch Verhaltensstörungen auf? Bleiben nicht Schäden für das Leben? Und liest man nicht öfters in der Zeitung bei einem Verbrechen, daß der Täter aus einer „zerbrochenen" Familie stammt? Und besteht die Beziehung zwischen den Geschiedenen nicht aus Haß, Wut, Trauer, Gewalt und sogar Mord?

Sicher gibt es solche Scheidungen, die Medien berichten gerne davon. Doch welchen Einfluß hat ein solches Stigma auf diejenigen, die sich scheiden? Sicherlich werden Gefühle des Versagens, der Schuld und der Bitterkeit über den Verlauf ihres Lebens erzeugt. Beobachtet man dann nicht sorgsam die Kinder, um deren erwartete Probleme zu entdecken? Und die Nicht-Geschiedenen sind wohl froh, daß sie nicht zu „denen" gehören, und daß es die anderen sind, die sich scheiden lassen.

Scheidungsforscher tragen ihren Anteil dazu bei, eine negative und schadhafte Realität für die Scheidenden zu schaffen. Als Beispiel dazu dient die bekannte Untersuchung der Amerikanerin Judith Wallerstein[1], die eine weitere Welle des Entsetzens über Scheidungen in den USA ausgelöst hat und oft in der deutschen Literatur zitiert wird. Judith Wallerstein untersuchte 60 weiße Mittelklassefamilien in Kalifornien während ihrer Scheidung und bis zu zehn Jahren danach. In ihrem Buch „Second Chances" kam sie zu dem Ergebnis, daß 41 Prozent der Kinder zehn Jahre nach der Scheidung große psychologische Probleme hatten. Daß aber 45 Prozent der Kinder, also die größere Gruppe, kompetente, einfühlsame und beherzte Erwachsene wurden, wird im Buch nur kurz erwähnt und nie von anderen Autoren zitiert, die diese Untersuchung als Beweis dafür nehmen, wie schädlich die Scheidung sein kann.

Scheidung hat einen schlechten Ruf. Zudem wird ihr die Schuld an gesellschaftlichen Problemen gegeben. Dies ist keine hilfreiche Einstellung, und das soziale Ansehen macht die Scheidung noch bitterer.

Doch Scheidung ist heutzutage eine Tatsache. Mehr als jede dritte Ehe wird geschieden, in den USA ist es jede zweite. Scheidungsforscher und -prognostiker halten diese Zahl nicht für rückläufig, sondern meinen, daß sie sich zwischen 40 Prozent und 60 Prozent einpendeln wird. Der deutsche Mediator Roland Proksch[2] glaubt, daß sowohl in den USA wie in Deutschland bald 50 Prozent aller Kinder vor ihrer Volljährigkeit von der Scheidung ihrer Eltern betroffen sein werden. Familien mit zwei Kernen, nämlich dem Haus der Mutter und dem Haus des Vaters, bestehen ebenbürtig neben der traditionellen Kleinfamilie. Indem wir von den Bezeichnungen wie „zerbrochene Familie" oder „Scheidungsfamilie" wegkommen und diese Familienform beispielsweise neutral „binukläre Familie[3]" nennen, machen wir einen Schritt zur Entstigmatisierung der Scheidung.

Während in Europa die Zahl der Eheschließungen abgenommen hat, haben die Amerikaner ihre Heiratsfreudigkeit nicht verloren. Dort heiraten 89 Prozent der Männer und 79 Prozent der Frauen wieder innerhalb von fünf Jahren nach ihrer Scheidung und leben in „serieller Monogamie[3]". Damit will ich aber nicht sagen, daß die Scheidung immer leicht fällt. Einer Trennung geht oft ein jahrelanger, qualvoller Entscheidungsprozeß voraus, und die Scheidung selbst ist mit starken Emotionen verbunden. Sie ist nicht ein Lebensweg, den man sich wünscht, und gilt als zweitgrößter Streßfaktor im Leben, gleich nach dem Tod eines geliebten Menschen.

Indem die Gesellschaft die Scheidung als normale Tatsache akzeptiert, kann sie den Sich-Scheidenden eine große Bürde abnehmen und ihnen Erleichterung verschaffen. Wie kann man das erreichen?

Hilfreiche Forschung kann dazu einen wichtigen Beitrag leisten, zum Beispiel diejenige der bekannten amerikanischen Scheidungsforscherin Constance Ahrons[3]. Sie wollte herausfinden, welche positiven Seiten eine Scheidung aufweist und wie es die Sich-Scheidenden schaffen, gesund und gestärkt aus dieser Krise herauszukommen.

Fast die Hälfte ihrer Gruppe hatte sich an die Scheidungssituation angepaßt und war zufriedener als zuvor. Sie konnte zu 12 Prozent in „perfekte Kumpel" eingeteilt werden, die eine enge, nicht sexuelle Freundschaft weiterpflegten, einander aushalfen und eng für die Kinder zusammenarbeiteten. Die restlichen 38 Prozent konnten als „kooperative Kollegen" bezeichnet werden, die zwar Konflikte hatten, sie aber lösen oder vermeiden konnten. Es gelang ihnen, als Eltern gemeinsam für ihre Kinder zu sorgen und sich nicht gegenseitig in die anderen Aspekte des Lebens einzumischen.

Die andere Hälfte der Gruppe konnte zu 25 Prozent in „wütende Bekannte" eingeteilt werden, die etwa gleich viele Konflikte wie die „kooperativen Kollegen" hatten, mit diesen aber nicht so gut umgehen konnten. Sie sprachen nur miteinander, wenn sie Pläne für die Kinder aushandeln mußten und wurden dabei meistens wütend.

Die restlichen Scheidungspaare waren der Prototyp der Sich-Scheidenden, von denen man in den Medien hört und die „erbitterte Feinde" genannt werden. Sie hatten oft jahrelange, gerichtliche Auseinandersetzungen und gerieten in Streit, falls sie miteinander redeten.

Ahrons untersuchte nicht die „aufgelösten Duos", die keinen Kontakt mehr nach der Scheidung hatten, bei denen meistens der Vater sich gänzlich aus dem Leben seiner Kinder zurückzog und die Mutter zum echten alleinstehenden Elternteil wurde.

Indem wir das Gesunde und Positive im Auge behalten, können wir zum Beispiel lernen, wie die „erbitterten Feinde" zu „wütenden Bekannten" und diese wiederum zu „kooperativen Kollegen" werden. Eine solche Wandlung ist nicht nur für die Sich-Scheidenden, sondern besonders auch für die Kinder von großer Wichtigkeit. Scheidungsexperten sind sich einig, daß Kinder davon profitieren, wenn sie bedeutende Beziehungen, z. B. zu den Eltern und anderen Verwandten, nach der Scheidung aufrechterhalten können[4]. Weiter wird anerkannt, daß es den Kindern sowohl in der Kleinfamilie als auch in der geschiedenen Familie hilft, wenn die Eltern sich unterstützen und kooperativ sind.

Die in den letzten Jahren bekannt gewordene Mediation hilft zu einem neuen Verständnis der Scheidung. Dabei entscheiden sich die Ehegatten selbst für diejenigen Lösungen, die für ihre Familie die besten sind. Sie sind es ja schließlich, die damit leben müssen! Sie geben ihr Geld nicht sinnlos für einen Scheidungskrieg aus, sondern behalten die Kontrolle über ihre Familie. Trotz manchmal negativer Gefühle zueinander verhalten sie sich höflich und zivilisiert. Sie erledigen ein „Geschäft" miteinander: die Scheidung. Und wenn Kinder da sind, so erziehen sie sie weiterhin gemeinsam. Die Mediation kann der Familie helfen, sich sanft neu zu konstruieren.

In diesem Buch möchte ich Wege zeigen, wie man eine Scheidung so bewältigen kann, daß die ganze Familie gestärkt und zufriedener aus der Krise hervorgeht. Dabei lege ich den Schwerpunkt auf die Mediation. Sie wird manchmal beim Entschluß zur Scheidung eingesetzt. Sie verbessert oft die Kommunikation und die Beziehung der Ehepartner, kann den Kindern helfen und bei der finanziellen Regelung der Scheidung große Dienste erweisen. Die Mediation kann auch bei Konflikten nach der Scheidung zum Tragen kommen und beim Aufbau einer Stieffamilie helfen.

Gleichzeitig möchte ich Tips und Anregungen für diejenigen Paare geben, die sich nicht zur Mediation entschließen, sondern sich im Do-it-yourself-Verfahren oder mit Anwälten scheiden lassen wollen. Und auch diejenigen, die sich in einer Kampfscheidung behaupten müssen, können sich in diesem Buch über Überlebensstrategien informieren.

Ferner möchte ich kurz darauf hinweisen, in welchen anderen Lebensbereichen die Mediation angewendet werden kann.

Ich habe auf die sprachliche Gleichstellung der Geschlechter verzichtet, da die Erwähnung der männlichen und weiblichen Form den Text unleserlich gemacht hätte.

1. Was ist Mediation?

Nasrudin[1] war ein türkischer Mullah, der eines Tages zum Richter in seinem Dorf gewählt wurde. Bald wurde er zu seinem ersten Urteilsspruch gerufen. Er hörte sich die Rede des Klägers an und sagte schließlich zu ihm: „Sie haben recht." Da sprang der Gerichtsschreiber auf und sagte: „Sie können ihm noch nicht recht geben, Sie müssen noch die andere Seite anhören." Daraufhin hörte sich Nasrudin das Plädoyer des Verteidigers an. Nachdem dieser geendet hatte, sagte er zu ihm: „Sie haben recht." Der Gerichtsschreiber ereiferte sich und meinte: „Sie können nicht beiden recht geben." Nasrudin antwortete: „Sie haben recht!"

Das Dilemma des Recht-Habens

Wie ist die Menschheit bis heute mit diesem Dilemma des Recht-Habens umgegangen?

Soviel wir heute wissen, haben die sogenannten „primitiven Völker" Konflikte gelöst, indem sie Lösungen fanden, mit denen jedermann in größtmöglichster Harmonie weiterleben konnte[2]. Die Sippen waren klein, und man war aufeinander angewiesen, um überleben zu können. Die Stammführer beispielsweise riefen in Streitsituationen die Geister oder toten Vorfahren an, um den Schuldigen zu bestrafen. Auf diese Art war der Kläger und der Strafende für die Strafe nicht verantwortlich, und man konnte in Frieden zusammen weiterleben. Oder es wurde ein Kompromiß gesucht mit dem Ziel, daß keine Feindseligkeiten mehr zwischen den Streitenden zurückblieben. In östlichen Kulturen wie Japan und China ist diese Art von Konfliktlösung heute noch verbreitet.

Als die Gesellschaften größer wurden und man getrennte Wege gehen konnte, wurden andere Formen der Konfliktlösung geschaffen.

In Griechenland zum Beispiel wurde der Konflikt zunächst einem Schiedsrichter vorgetragen, der die Parteien zu versöhnen suchte. Als die griechische Gesellschaft komplexer wurde, konnten die Streitenden von Rhetorikern, den Vorfahren unserer Anwälte, repräsentiert werden. Hier begannen die dramatischen Szenen und Präsentationen, die wir noch heute in Gerichtssälen und in Filmen zu diesem Thema sehen.

Bei den frühen Römern sprachen die Priester Recht. Nach und nach wurden sie durch Anwälte ersetzt. Wie bei den Griechen konnten die Parteien im Gerichtssaal kaum direkt kommunizieren, wie es auch heute noch der Fall ist. Es gab viele Anwälte, welche sich gegenseitig auszustechen suchten. Sie stellten Leute an, die ihnen zuklatschen sollten, damit sie berühmter werden und mehr Klienten bekommen konnten. Dies erinnert an die heutige Situation in den USA.

Im Mittelalter gab es hauptsächlich folgende Arten von Prozessen: Man glaubte, daß Gott durch ein Zeichen mitteilte, wer der Schuldige sei. So mußten die Streitenden zum Beispiel durch Feuer laufen oder einen Arm in kochendes Wasser legen. Blieben sie unversehrt, wurden sie unschuldig gesprochen. Hexen wurden häufig in einen Fluß geworfen. Man nahm an, daß Hexen Sex mit dem Teufel hatten, dessen Geist in ihrem Körper aufnahmen und dadurch leichter wurden. Sank die Hexe im Fluß, war das ein Zeichen dafür, daß der Teufel sie nicht besessen hatte. Schwamm sie auf der Oberfläche, wurde sie danach häufig auf dem Scheiterhaufen verbrannt. Bei diesem Prozeß mußten sich die Angeklagten wohl hilflos und ohnmächtig gefühlt haben. Auch heute können solche Gefühle entstehen, wenn man sein Schicksal im Prozeß einem Dritten, dem Richter, übergeben muß.

Eine weitere Prozeßart war die des physischen Kampfes.

Der Stärkere wurde als unschuldig angesehen. Man sah aber ein, daß Frauen und Kinder nicht ebenbürtig sein konnten, und begann, Kämpfer anzustellen. Wer Geld hatte, konnte natürlich den stärkeren Kämpfer erwerben. Auch heute können sich reichere Leute mächtigere Anwälte leisten. Es wird zwar kaum am Gericht mit den Fäusten gekämpft, aber sicherlich mit Worten. Dies kann sich über Jahre hinziehen, während der mittelalterliche Prozeß des Kampfes bei Sonnenuntergang endete.

Beliebt war die Prozeßform des Schwörens. Man nahm an, daß nach dem Schwur die Wahrheit gesprochen würde und somit der Schuldige gefunden werden könnte. Je mehr Zeugen man zum Schwören bringen konnte, desto eher bekam man recht.

Bei all diesen mittelalterlichen Prozessen nahm man an, daß Gott richte und nicht der Mensch. Man suchte kaum nach Tatsachen und Beweisen. Zwischen dem 12. und 15. Jahrhundert wurden diese Prozesse seltener, und das Prozessieren wurde von den Priestern auf weltliche Leute übertragen. Richter begannen aktiv nach Tatsachen und Beweisen zu suchen, um die Wahrheit zu finden, wie es noch heute der Fall ist.

Um einen Eindruck zu bekommen, wie wir heute mit dieser Frage des Recht-Habens umgehen, sehen wir uns zwei typische Scheidungsbeispiele an:

● Die Frau hat dem Mann viele Zeichen gegeben, daß sie unzufrieden ist, hat aber keine Reaktion erhalten. Sie reicht die Scheidung ein und möchte, daß der Mann aus dem Haus auszieht und weiterhin finanziell für sie und die Kinder aufkommt. Der Mann ist wie vor den Kopf gestoßen: Er war zwar viel außer Haus gewesen, hatte aber in dieser Zeit für seine Familie gearbeitet. Kaum hatten sie ihr eigenes Heim, und schon sollte alles zerstört werden? Er hatte nichts von der Unzufriedenheit der Frau gemerkt.

● Der Mann hat eine Affäre und möchte nun die jüngere Frau heiraten. Er möchte viel Kontakt mit seinen Kindern behalten, damit sie in den Genuß der neuen Familie kommen können, hat aber Bedenken, sie bei der Mutter zu lassen, weil diese verbittert ist.

Bis 1977 galt in Deutschland das Schuldprinzip. Es war wichtig, recht zu bekommen und der Unschuldige zu sein, damit man finanziell besser wegkam und das Sorgerecht erhielt. Heutzutage schaut man nicht mehr darauf, wer der Schuldige ist. Doch was geschieht mit unseren zwei Familien, wenn sie an einen Anwalt wie Glieberman[3] geraten, der in seinem Buch „Bekenntnisse eines Scheidungsanwaltes" geschrieben hat:

„Ich vergewisserte mich, daß mein Klient – was auch immer er oder sie sonst über mich dachte – zwei Dinge fühlte: Erstens, daß ich so hart wie Stein war. Zweitens, daß ich gewinnen wollte. Offen gestanden, das zweite war einfach. Ich liebe es, zu argumentieren und zu gewinnen. Wenn jemand eine Scheidung will, dann werden mein Klient und ich ein Team, und wir tun alles, was in unserer Macht steht, nicht nur zu gewinnen, sondern viel zu gewinnen ... Es gibt nur eine Regel bei einer Scheidung: Repräsentiert man die Frau, soll man so viel als möglich erhalten. Repräsentiert man den Mann, soll man so wenig als möglich weggeben ... Während ich zum Gericht gehe, weiß ich, daß es keine Kompromisse, keine Versöhnung und keine guten Gefühle geben wird, um die schlechten auszubalancieren. Es wird eine Konfrontation Zahn um Zahn geben. Ich liebe es ..."

Nehmen wir an, daß der Mann in unserer ersten Familie zum Anwalt Glieberman geht und so wenig wie möglich an seine Frau bezahlen will. Warum sollte sie auch ihr schönes Leben weiterführen können, für das er jahrelang gearbeitet hat, während er sein Dasein allein und in einer kleinen Wohnung verbrächte? Er möchte im Haus bleiben und beginnt, um das Sorgerecht zu kämpfen. Dafür muß er die Untauglichkeit seiner Frau als Mutter beweisen.

In der zweiten Familie sucht die Frau Anwalt Glieberman auf und verlangt eine große finanzielle Entschädigung für ihr erlittenes Unrecht. Der Mann soll kaum Kontakt mit den Kindern haben, da er durch seine Affäre bewiesen habe, daß er als Vater untauglich sei. Die Zweifel des Vaters an ihrer Erziehungsfähigkeit machen das Maß voll.

Beide Familien riskieren so wahrscheinlich jahrelange gerichtliche Auseinandersetzungen, die manchmal emotional kaum auszuhalten sind. Beide Elternteile werden dabei finanziell ruiniert. Die Wunden sind kaum zu heilen, und die Kinder wagen es als Erwachsene wahrscheinlich nicht, zu ihrer Hochzeit beide einzuladen, da diese sich nicht im gleichen Raum aufhalten können.

Stempeln wir aber nicht die Anwälte als Sündenböcke ab, es gibt auch hilfreiche! Vielleicht muß die Frage gestellt werden, ob unser Rechtssystem, das dazu geschaffen worden ist, die Wahrheit zu finden (wie erfolgreich, sei dahingestellt), dazu geeignet ist, Familienkonflikte zu lösen. Denn die Familienmitglieder bleiben meistens weiterhin in Kontakt, es gibt selten den nur Schuldigen und Unschuldigen, und die Suche nach der Wahrheit verstrickt die Familie in noch größere Streitigkeiten. Welche Alternativen gibt es?

Einerseits kann die Familie bei einer Scheidung selbst die Konvention erarbeiten und nach den Spielregeln des Rechts dem Gericht einreichen. Dies kann zu merkwürdigen Situationen führen, wie zum Beispiel in Deutschland, wo man unter dem „Anwaltszwang" steht. Man kann sich noch so gütlich trennen, mindestens einer der Ehegatten muß sich dennoch einen Anwalt nehmen. Ähnlich kurios ist es in der Schweiz, wo Eltern sich auf das gemeinsame Sorgerecht einigen, aber in der Scheidungskonvention das alleinige Sorgerecht angeben, weil das erstere noch nicht erlaubt ist. Oder in den USA, als noch nach dem Schuldprinzip geschieden werden mußte, nahmen Scheidende folgende Dienstleistung in Anspruch: Es war meistens der Mann, der sich zur Verfügung stellte und sich ins Bett einer Prostituierten legte. Ein beauftragter Detektiv fotografierte sie und dann erst konnte geschieden werden.

Andererseits gibt es viele Paare in Scheidung, die kaum selbst eine Konvention erarbeiten können. Was kann für sie getan werden?

Die Amerikaner, das prozeßfreudigste Volk auf Erden, wurden mit den überfüllten Gerichten und dem unbefriedigenden Prozessieren immer unglücklicher. Deshalb übernahmen sie von chinesischen und japanischen Immigranten das System der Mediation. Wie wir gesehen haben, entwickelten diese östlichen Länder eine andere Konfliktlösungsart, eben die Mediation. In Deutschland begann die Scheidungsmediation in den achtziger Jahren und hat seither an Bekanntheit und Beliebtheit gewonnen.

In der Mediation kommen die in Konflikt stehenden Parteien mit einer dritten neutralen Person, dem Mediator, zusammen, um ihre Probleme zu besprechen und eigene Lösungen zu finden. Bei einer Scheidung wird so eine eigene Konvention erarbeitet. Die Familie behält die Kontrolle über ihr Schicksal und ihre Selbstbestimmung. Der Mediator hat keine Entscheidungsbefugnis, und die Vereinbarung ist freiwillig. Auch die Mediation selbst ist freiwillig. Sie ist vertraulich, so daß alle Beteiligten offen sein können und ihre Bedürfnisse befriedigt werden können. Der Schwerpunkt wird auf die Interessen der Familienmitglieder gelegt, um Rechthaberei zu vermeiden. Die Übereinkunft wird auf die Bedürfnisse der individuellen Familie maßgeschneidert. Die eigenständig erarbeiteten Konventionen werden seltener abgeändert, weil man damit zufriedener ist. Die Familie kann in der Mediation lernen, mit Konflikten konstruktiv umzugehen und die Übereinkunft besser dem Wandel der Zeit anzupassen. Durch dieses Verfahren werden also viele sinnlose Streitereien verhindert. Die Scheidungsforschung zeigt uns deutlich, daß es gerade die anhaltenden Konflikte sind, die den Kindern zu schaffen machen.

Nach einer deutschen Studie[4] würden 25 von 30 Eltern die Mediation weiterempfehlen, und 21 von 28 befragten Eltern sind mit der Mediation zufrieden. Demgegenüber gaben 64,4

Prozent von 49 befragten Eltern an, daß das übliche Gerichtsverfahren ihren Ärger erhöhte, und nur 16,4 Prozent waren mit dem Gerichtsverfahren zufrieden. Zudem spart man durch die Mediation viel Geld[5]. Ein Anwalt kostet meist zwischen 150 und 400 DM, während ein Mediator zwischen 80 und 200 DM pro Stunde verlangt. Die aufgewandte Zeit für die Mediation liegt im Durchschnitt bei fünf bis zehn Sitzungen, die je zwei Stunden dauern.

Die Kritik an der Mediation kommt von Seiten der Frauenrechtsbewegung, die sie zum Teil sogar abschaffen will. Die Frauen befürchten, daß der Mann dabei dominiert und die Frau besonders dann unterlegen ist, wenn physische Gewalt vorgekommen ist. Diese Bedenken werden von den Mediatoren ernstgenommen, doch sollten Frauen nicht ihr Recht auf die Mediation verlieren, nur weil sie Frauen sind. Auch Frauen ziehen die Mediation deutlich dem Gerichtsprozeß vor. In jeder Familie soll sich die Frau vertraulich äußern können, ob sie sich zur Mediation fähig fühlt. Dies kann beispielsweise zu Beginn in einem individuellen Gespräch geschehen. Heutzutage sind die Mediatoren ausgebildet, mit Machtungleichheiten umzugehen, insbesondere in bezug auf Gewalt zwischen den Eheleuten.

Die Mediatoren sind häufig Anwälte oder kommen aus einem helfenden Beruf mit einer Zusatzausbildung als Mediator. Manchmal wird auch im Team, beispielsweise von einem Anwalt und einer Psychologin, gearbeitet. Das Gleichgewicht der Geschlechter und die Vertretung beider Berufe sollen noch mehr Neutralität und Kompetenz versprechen.

Der Mediationsprozeß

Eine Mediation kann folgendermaßen aussehen: Ein Ehepartner ruft an und verabredet ein erstes Gespräch. Entweder lädt er den Partner dazu ein, oder der Mediator ruft diesen an. Zu Beginn erklärt der Mediator das Verfahren, regelt die Kosten und beantwortet Fragen. Vielleicht führt er Grundregeln ein, beispielsweise daß man sich gegenseitig aussprechen lassen soll. Dann wird beiden Partnern die Gelegenheit gegeben, ihre Sichtweisen darzustellen. Endlich können sie erfahren, daß ihnen zugehört wird, und sie werden sich verstanden fühlen. Der Mediator faßt das Gesagte zusammen, indem er es neutral und als gemeinsames Problem darstellt. Man beginnt, einen Verhandlungspunkt nach dem anderen zu lösen. Die Eheleute erhalten Hausaufgaben: sie sollen zum Beispiel das Haus abschätzen lassen oder ein Budget aufstellen. Unter Umständen spricht der Mediator auch mit den Kindern. Die Übereinkunft wird schriftlich festgehalten und den Anwälten zur Überprüfung vorgelegt. Sie wird unterschrieben, notariell beglaubigt und dem Gericht eingereicht.

Während einer Scheidung ist das Ehepaar oft wütend, verbittert und verletzt. Es hat kaum Vertrauen zueinander. Gerade in dieser Phase muß aber über wichtige Dinge verhandelt werden. Das Gespräch ist dabei oft schwierig, die Eheleute schweifen von den Verhandlungspunkten ab und wiederholen bekannte und unproduktive Kommunikationsmuster[6,7]. Es kommt vor, daß man zum Beispiel spontan

- droht: „Ich werde den besten Anwalt anstellen, wenn du dich nicht mit dem gemeinsamen Sorgerecht zufrieden gibst."
- sich hilflos und passiv verhält: „Ich wollte mich ja nicht scheiden lassen. Du sollst eine Lösung finden, wie ich im Haus bleiben kann und nicht arbeiten gehen muß."
- den anderen persönlich angreift: „Du bist schon immer ein Egoist gewesen. Du denkst wieder einmal nur an dich."

Dem Angriff folgt der Gegenangriff, der Streit ist im Gange, der Verhandlungspunkt wird immer mehr vergessen, man ist frustriert und glaubt nicht, daß man mit dem „unmöglichsten Menschen auf Erden" je eine Einigung erzielen kann. Die einzige Lösung scheint der Kampf vor Gericht zu sein.

Der Mediator ist dazu ausgebildet, von solchen destruktiven Kommunikationsmustern abzulenken und das Gespräch immer wieder auf die Verhandlungspunkte zu lenken. Zu Beginn greift er wohl öfters ein, doch nach und nach wird das Gespräch auch ohne ihn konstruktiver. Zudem kennt er Verhandlungstechniken, die es dem Paar ermöglichen, eine Vereinbarung zu erzielen. So wie ein Schneeball beim Rollen größer und größer wird, so kann ein Paar im konstruktiven Gespräch Verständnis füreinander finden und sich vielleicht sogar verzeihen.

Sie selbst können sich auf das Gespräch mit Ihrem Ehegatten vorbereiten, indem Sie versuchen, sich an folgendes zu halten:

- Seien Sie informiert. Reduzieren Sie die möglichen Streitpunkte, indem Sie wissen, was wieviel kostet und was Ihre Rechte sind. Falls Ihr Ehegatte versprochen hat, Informationen zu beschaffen, es aber nicht tut, übernehmen Sie diese Aufgabe. Wichtig ist die Information und nicht, wer sie besorgt.

- Hören Sie Ihrem Partner zu. Versuchen Sie, ihn zu verstehen. Zeigen Sie ihm, daß Sie zuhören, indem Sie Augenkontakt halten, ab und zu nicken und ihn ausreden lassen. Um sicher zu sein, daß Sie ihn verstanden haben, können Sie das Gesagte kurz zusammenfassen, zum Beispiel: „Ist es richtig, daß du befürchtest, dir keine rechte Wohnung leisten zu können, wenn du soviel Ehegattenunterhalt bezahlst?" Zuhören bedeutet nicht, daß man einverstanden ist, sondern bewirkt, daß der andere fortfahren kann, weil er sich verstanden fühlt.

- Zeigen Sie versöhnende Gesten. Es hilft Ihrem Partner nicht, wenn Sie beispielsweise im Gespräch triumphierend lächeln, weil Sie fühlen, Sie haben Ihr Ziel erreicht. Sie verpassen eine Gelegenheit, vom anderen mehr Kooperation zu gewinnen. Wenn Sie sich dankbar und entgegenkommend verhalten, kommt Ihnen der Partner auch eher einen Schritt entgegen.

- Halten Sie fest, worüber Sie sich einig sind. Manchmal entwickelt sich ein Streitpunkt von einer Mücke zu einem Elefanten, und die ganze Verhandlung wird in Frage gestellt. Als

Beispiel dazu dient uns ein Paar, das sich nicht über die Aufteilung der Möbel einigen konnte. Es stellte sich heraus, daß sie Millionäre waren, sie sich über die Aufteilung des Geldes im großen und ganzen einig waren, und die Möbel nur einen Bruchteil ihres Vermögens ausmachten. Als diese Perspektive aufgezeigt wurde, konnte sich das Paar schnell einigen.

- Seien Sie zukunftsorientiert. Es liegt in der Natur der Sache, daß die Sich-Scheidenden ihre Ansprüche mit der Vergangenheit begründen: „Du hast dich nie um die Kinder gekümmert, du sollst kaum Umgangsrecht haben." oder „Ich verdiene mehr, weil ich mich die ganze Zeit für dich abgerackert habe." Was bringt es einem Vater und seinen Kindern, wenn er sich über das Unrecht beklagt, die Mutter habe ihm die Kinder viele Jahre lang vorenthalten? Scheidung bringt schwierige Lektionen im Loslassen mit sich. Konzentrieren Sie sich auf das, was Sie brauchen, und bringen Sie Lösungsvorschläge.

- Attackieren Sie das Problem und nicht die Person. Das einzige Verhalten, das Sie kontrollieren können, ist das eigene. Seien Sie sachlich, und unterbrechen Sie den Teufelskreis von Angriff und Gegenangriff! Lassen Sie Attacken und Verleugnungen an Ihnen vorbeigehen, und führen Sie die Verhandlungen fort. Ihr Partner wird Ihnen bestimmt bald darin nachfolgen.

- Bestimmen Sie Ihre Interessen und diejenigen Ihres Partners. Stellen Sie sich die Frage, was Sie brauchen, und nicht, was Sie wollen. Vielleicht möchten Sie 100 Prozent Ihrer Zeit mit Ihren Kindern zusammensein, doch Sie sehen ein, daß Sie und die Kinder auch Zeit für sich selbst brauchen. Was benötigt der Partner? Indem Sie sich diese Frage von vornherein überlegt haben, können Sie schon Lösungsvorschläge machen, die Ihren beiderseitigen Interessen entsprechen, so daß Sie beide gewinnen.

- Überlegen Sie sich alle Möglichkeiten. Auch wenn etwas schwarz und weiß aussieht, gibt es meistens noch Grautöne. Suchen Sie sie!

- Wählen Sie die Lösung, die Sie beide akzeptieren können. Auf diese Weise erreichen Sie eine Vereinbarung, mit der Sie beide gewinnen.
- Überlegen Sie sich, was Ihre Alternativen sind, wenn Sie zu keiner Übereinkunft kommen. Ein Kampf vor Gericht zum Beispiel kommt einem manchmal teurer zu stehen als die Sache, worum gestritten wird. Eine solche Überlegung kann dazu motivieren, mit den Verhandlungen fortzufahren.
- Einigen Sie sich auf eine zeitliche Übereinkunft. Besonders wenn Sie Kinder haben, ist es schwierig, einen Betreuungsplan bis zum 18. Lebensjahr zu entwickeln. Einigen Sie sich statt dessen auf ein paar Monate, um einen Plan auszuprobieren. Wenn es gut geht, behalten Sie den Plan bei, wenn sich Probleme ergeben, passen Sie ihn an. Lassen Sie die Zeit für sich arbeiten.

Zusätzlich bietet die Mediation Rahmenbedingungen, die für Verhandlungen von Vorteil sind:

- Der Ort ist neutral.
- Die Verhandlungen sind zeitlich begrenzt. Es ist sinnlos, bis zur Erschöpfung zu verhandeln. Zwischen den Sitzungen braucht man Zeit, sich Informationen zu beschaffen.

85 Prozent der Ehescheidungen verlaufen friedlich, das heißt, daß eine Konvention selbständig, in der Mediation oder durch die Anwälte gefunden wird. Wie aber kann den 15 Prozent der Eheleute geholfen werden, die so zerstritten sind, daß sie gar nicht auf die Idee kommen, die Mediation aufzusuchen? In den USA hat man für diese Familien obligatorische Mediation für Sorgerechts- und Umgangsrechtskonflikte eingeführt. 70 Prozent dieser Eltern erreichen eine Übereinkunft in der ersten Mediationssitzung. Die restlichen Eltern einigen sich anschließend selbst oder durch ihre Anwälte oder unterziehen sich einer Sorgerechtsuntersuchung. Nur noch 1 Prozent aller Sich-Scheidenden durchläuft einen Gerichtsprozeß. Die Mehrzahl der Eltern, die Gerichtsmediation aufsuchen, ziehen sie deutlich dem Gerichtsprozeß vor[8].

Wie finde ich einen Mediator?

Untersuchungen zeigen, daß ein erfahrener Mediator die Familie eher zu einer Übereinkunft führen kann als ein unerfahrener[8]. Es ist daher wichtig, daß Sie sich über seine Erfahrung mit Scheidungsmediation informieren. Aus welchem Beruf kommt er, und hat er eine Zusatzausbildung als Familienmediator absolviert? Klären Sie vor der Mediation ab, wieviel eine Sitzung kostet, wer wieviel bezahlt und was die Regeln bei einer Absage sind. Wenn Sie sich während der Mediation nicht verstanden fühlen, Ihre Interessen nicht genügend vertreten können oder den Eindruck gewinnen, daß der Mediator auf der Seite des anderen steht, sollten Sie das ansprechen. Geben Sie dem Mediator und der Mediation eine Chance, aber wenn Sie das Gefühl haben, Sie erreichen nichts, diskutieren Sie darüber und brechen vielleicht daraufhin den Mediationsprozeß ab.

Wenn Sie sich für die Mediation interessieren, können Sie bei folgenden Stellen anfragen, wo Sie einen Mediator in Ihrer Gegend finden können[9, 10]. Vielleicht haben Sie auch einen Bekannten oder Freund, der schon Erfahrung mit der Mediation gemacht hat und Ihnen einen Mediator empfehlen kann.

A) Institute und Arbeitskreise:

Raum Berlin:

Zusammenwirken im Familienkonflikt e. V.
Wilhelmsaue 133
10715 Berlin
Telefon: 030/8610195

Raum Bielefeld:

Arbeitskreis Ostwestfalen-Lippe
Kontaktadresse:
Ursula Mehlan
Graf-von-Galen-Straße 40
33619 Bielefeld
Telefon: 0521/161416

Raum Bonn/Köln:

Arbeitskreis Mediation Köln/Bonn
Kontaktadressen:
Institut für Konfliktberatung und Mediation (IKOM)
Rechtsanwältin Heidrun Gerwens-Henke
Schloßstraße 47
53115 Bonn
Telefon: 0228/222116

Raum Frankfurt:

Arbeitskreis Partnerschaftskrise
Trennung und Scheidung e. V.
Kontaktadresse:
Eschenheimer Landstraße 531
60431 Frankfurt/Main
Telefon: 069/519573

Institut für Konfliktberatung und Mediation (IKOM)
c/o Dagmar Schramm
Auf der Körnerwiese 8
60322 Frankfurt/Main
Telefon: 069/174410

Raum Hamburg/Ahrensburg:

Bundesarbeitsgemeinschaft für Familienmediation (BAFM)
c/o Ingolf Schulz (Rechtsanwalt und Notar)
Rathausplatz 25
22926 Ahrensburg

Interdisziplinäre Beratung bei Trennung und Scheidung in Hamburg
e. V. (IBITUS)
Postfach 203215
20222 Hamburg
Telefon: 040/41234728

Raum Heidelberg:

Arbeitskreis Mediation Bergstraße/Odenwald
Kontaktadresse:
Eva Valentin
Ladenburger Straße 54
69120 Heidelberg
Telefon: 06221/402402

Heidelberger Institut für Mediation
Prof. Dr. phil. Reiner Bastine, Lis Ripke u. a.
(In Zusammenarbeit mit Hiatus e. V.)
Mönchhofstraße 11
69120 Heidelberg

Hiatus e. V. Heidelberg
c/o Rechtsanwältinnen Klein & Amelang
Schützenhausstraße 38
69151 Neckargemünd bei Heidelberg
Telefon: 06223/2183

Praxis- und Forschungsstelle für Psychotherapie und Beratung
Psychologisches Institut der Universität Heidelberg
Hauptstraße 47–59
69117 Heidelberg
Telefon: 06221/547349

Raum Kassel:

Arbeitskreis Mediation
Kontaktadresse:
Rechtsanwalt und Notar Claus R. Hesse
Frankfurter Straße 13
35037 Marburg
Telefon: 06421/27262

Raum München:

Akademie für Mediation
Monika Groner, Hubertus Grandy u. a.
Am Wiesbach 6
86944 Unterdießen

Eidos Projekt Mediation
c/o Rechtsanwalt Dr. Hans-Georg Mähler
Südliche Auffahrtsallee 29
80639 München
Telefon: 089/1782069

Gary Friedman, Jack Himmelstein
Kontaktadresse:
Bianca Winograd
Eduard-Schmidt-Straße 29
81541 München

Institut für Mediation und Scheidungsberatung e. V. (IMS)
Hannelore Diez, Maria Marshall, Stefan Mayer, Joachim Neufeldt u. a.
Schulstraße 30
85586 Poing

Intakte Elternschaft trotz Trennung/Ehescheidung (IETE)
Germersheimer Straße 26
81541 München
Telefon: 089/496411

Raum Münster:

Mediationswerkstatt Münster
Hannelore Diez, Heiner Krabbe
Von-Vincke-Str. 6
48143 Münster

Raum Nürnberg:

Institut für soziale und kulturelle Arbeit (ISKA)
Prof. Dr. Roland Proksch
Untere Krämergasse 3
90403 Nürnberg

B) Personen, die aufgrund iherer Ausbildung beim Eidos Projekt Mediation legitimiert sind, Mediation anzubieten:

BAER-LOOSER, Heidi, Richterin, Im Weingarten 6, CH-9242 Oberuzwil
BALZER-BALTIN, Gisela, Rechtsanwältin, Plinganserstraße 34, 81369 München
BANGERT, Klaus, Richter, Prettlackstr. 5, 64407 Fränkisch-Crumbach
BANNISTER-ETTER, Elisabeth, Rechtsanwältin, Schwalbenweg 35, CH-8405 Winterthur
BAUM, Ulrike, Rechtsanwältin, Am Hohrain 1, 79199 Kirchzarten
BERRON-BRENA, Dietmar, Rechtsanwalt, Marienstraße 5, 79098 Freiburg
BITTER-KUDLAZEK, Mechthild, Rechtsanwältin und Notarin, Bahnhofstraße 9, 22880 Wedel
BONO, Caroline, Praxis für Mediation und Scheidungsberatung, Zürcher Straße 22 a, CH-8853 Altendorf
BOWMAN, Bob, Therapeut, Am Buchet 21, 82057 Icking
BRUMMENBAUM-SAUVANT, Peter, Arzt, Kirchensteig 42, 79736 Rickenbach-Bergalingen
BURK, Martin, Rechtsanwalt, Nittelwaldstraße 22, 70195 Stuttgart
DE WITT, Kalle, Richter, Alexanderstraße 72, 26121 Oldenburg

DEICHL, Eleonore, Rechtsanwältin, Am Königshof 3, 93047 Regensburg
DIERCKS-ELSNER, Gunda, Rechtsanwältin und Notarin, Königstraße 91, 23552 Lübeck
DROBNIG, Albrecht, Dr., Rechtsanwalt und Steuerberater, Franz-Joseph-Str. 41, 80801 München
EHMKE, Alexandra, Dipl.-Psych., Rohrbacherstraße 22, 69115 Heidelberg
EHRENSPECK, Susanne, Familientherapeutin und Mediatorin, Haus am Brünnerl, 83471 Berchtesgaden
EITENBENZ, Elfie, Therapeutin, c/o Pro Familia, Marienstraße 7, 79098 Freiburg
ELLERTS, VON, Christian, Rechtsanwalt, Bahnhofstraße 17, 83278 Traunstein
EWALD-SCHEUNERT, Gisela, Familientherapeutin, Fleckenweinberg 58 B, 70192 Stuttgart
EWERT, Doris, Sozialpädagogin, Friedenheimerstr. 149, 80686 München
FALDEY, Rita, Dipl.-Soz.päd., Wolframstraße 6, 68199 Mannheim
FÄSSLER, Fredy, Rechtsanwalt, Webergasse 21, CH-9001 St. Gallen
FILCHNER, Barbara, Rechtsanwältin, Hafenbad 35, 89073 Ulm
FLINT, Gerd, Rechtsanwalt und Notar, Reinoldistraße 2–4, 44135 Dortmund
FRIEDRICH, Barbara, Steinmetzstraße 3, 65197 Wiesbaden
FRIEDRICHSMEIER, Hans, Dr., Rechtsanwalt, Am Lustnauer Tor 4, 72074 Tübingen
FROTU-JANSSEN, Sybille, Dipl.-Psych., Im Weiher 12, 72074 Tübingen
GEYER, Jürgen, Therapeut, c/o Probst, Rieslingweg 11, 74245 Löwenstein
GIANOLA-LINDLAR, Helen, Dr., Juristin und Familientherapeutin, Neuarlesheimerstraße 15, CH-4143 Dornach
GRANDY, Hubertus J. A., Wirtschaftsprüfer und Steuerberater, Theresienstraße 31, 80333 München
GRUBER, Johanna, Juristin, Balthasar-Neumann-Straße 47, 70437 Stuttgart
HABERMACHER, Sepp, Rechtsanwalt und Notar, Hirschmattstraße 62, CH-6003 Luzern
HARTGES, Monika, Juristin, ÖRA/Öffentliche Rechtsauskunft und Vergleichsstelle, Holstenwall 6, 20355 Hamburg
HENNICKE, Gernot, Rechtsanwalt, Hospitalstraße 11, 71634 Ludwigsburg
HERMES-LENNICH, Gabriele, Rechtsanwältin, Biebricher Allee, 65187 Wiesbaden
HESSE, Claus R., Rechtsanwalt und Notar, Frankfurter Str. 13, 35037 Marburg

HOHMANN, Jutta, Rechtsanwältin und Notarin, Postfach 440415, 12004 Berlin

HÖRSCHELMANN, Karin, Rechtsanwältin, Rönneburger Freiheit 27 a, 21079 Hamburg

HÖRSTER, Brigitte, Rechtsanwältin, Beethovenstraße 2, 86150 Augsburg

JOCHHEIM, Barbara, Rechtsanwältin, Möslestraße 1, 79117 Freiburg

KAMBEITZ, Wolfgang, Psychotherapeut, Neckarhalde 70, 72070 Tübingen

KELLERMANN-KÖRBER, Karin, Dr., Rechtsanwältin, Böblinger Straße 2, 71088 Holzgerlingen

KLOCKOW, Anette, Rechtsanwältin, Charlottenstraße 45–51, 72764 Reutlingen

KÖRNER, Alberdina, Juristin, Morsestraße 4, 40215 Düsseldorf

KRÄMER, Karl-Anton, Rechtsanwalt, Dorfackerstraße 12, 72074 Tübingen

KRATZ, Volker, Richter, St.-André-Straße 36, 64372 Ober-Ramstadt

KROLL, Medi-Carola, Dipl.-Päd., Familientherapeutin, Confacts Institut, Altenbrücker Damm 10, 21337 Lüneburg

KRUTHAUP, August, Rechtsanwalt, Mühlenstraße 49, 49377 Vechta

KUTH, Joachim, Rechtsanwalt, Bucher Straße 79, 90419 Nürnberg

LEIBINGER, Cornelia, Rechtsanwältin, Veitsbrunnenweg 3, 89073 Ulm

MERKLE, Michael, Ltd. Regierungsschuldirektor, Oberheidt 34, 42349 Wuppertal

MERKLE, Jutta, Studiendirektorin, Oberheidt 34, 42349 Wuppertal

MICHEL, Christel, Rechtsanwältin, Gornhofener Straße 10/l, 88214 Ravensburg

MÖLLER, Thomas, Dr., Arzt (Psychotherapie), Fliederstraße 42, 66119 Saarbrücken

MÖLLER, Erika, Rechtsanwältin, Lüneburger Tor 8, 21073 Hamburg

MÖLLINGER, Ingrid, Rechtsanwältin, Poststraße 2, 69115 Heidelberg

MORAWE, Doris, Rechtsanwältin, Bahnhofstraße 3, 79395 Neuenburg

MORAWIETZ, Claudia, Rechtsanwältin, Schmiedstraße 26, 88239 Wangen

MOTZ, Barbara, Rechtsanwältin, Basler Straße 54, 79227 Schallstadt

MÜHLBERGER, Elisabeth, Dr., Rechtsanwältin, Künstlerhausgasse 4, A-5020 Salzburg

MÜLLER, Bettina, Sozialpädagogin, Moosleiten 16, 83317 Teisendorf

NIEMEYER, Hilke, Sozialpädagogin, Martin-Schongauer-Weg 6, 70794 Filderstadt

OESTERLE, Volker, Rechtsanwalt, Salzstraße 35, 79098 Freiburg

OTTERSTEDT, Claudia, Rechtsanwältin, Neuer Pferdemarkt 17, 20359 Hamburg

PEIFFER-KUCHARCIK, Anne, Rechtsanwältin, Rudolf-Bögel-Weg 19, 82140 Olching

PFUHLMANN-RIGGERT, Susanne, Rechtsanwältin und Notarin, Wittorfer Straße 18, 24534 Neumünster

RAPP, Andreas, Dr., Jurist, Stelzhamer Straße 17, A-4810 Gmunden

REECKMANN-FIEDLER, Frauke, Rechtsanwältin, Alt-Moabit 90, 10559 Berlin

REUTER, Friedrich Wilhelm, Rechtsanwalt, Wilhelm-Bode-Straße 46, 38106 Braunschweig

ROEMPKE, Brigitte, Rechtsanwältin, Kaiserstraße 75, 63065 Offenbach

ROSBACH, Barbara, Beraterin, Wilhelm-Bode-Straße 46, 38106 Braunschweig

ROTTER, Eva, Rechtsanwältin, Friedrichstraße 2, 37154 Northeim

SANDERS, Alfrun-Thora, Staatsanwältin a. D., Garatshausen 20, 82340 Feldafing

SCHAABER, Regina, Rechtsanwältin, Erwinstraße 10, 79102 Freiburg

SCHRAMM-GRÜBER, Dagmar, Dipl.-Soz.päd., Familientherapeutin, Kettenhofweg 77, 60325 Frankfurt

SCHUBERT, Elisabeth, Dipl.-Soz.päd., Großglocknerstraße 70, 70327 Stuttgart

SCHULZ, Ingolf, Rechtsanwalt und Notar, Rathausplatz 25, 22926 Ahrensburg

SEEHOLZER-ZIEGLER, Sylvia, Juristin, Forchstraße 9, CH-8610 Uster

SEILER, Kornelia, Dipl.-Pädagogin, Sierenmoosstraße 76, 78464 Konstanz

SETZER-HOLM, Ulrike, Rechtsanwältin, Hermann-Köhl-Straße 10, 81245 München

SIEBEN, Barbara, Rechtsanwältin, Bucher Straße 79, 90419 Nürnberg

SIMONSEN, Ove, Rechtsanwalt, Neuer Wall 39, 20354 Hamburg

SÖDER, Michael, Rechtsanwalt, Immenstädterstraße 13 a, 87527 Sonthofen

SPONAGEL, Marianne, Dipl.-Soz.päd., Mitteldorf 25, CH-4305 Olsberg

STEINLE, Ruth, Rechtsanwältin, Michaelstraße 35, 65936 Frankfurt

STOLTER, Petra, Rechtsanwältin und Notarin, Beckersbergstraße 10, 24547 Henstedt-Ulzburg

STORSBERG, Imme, Richterin, Bruckackerstraße 12, 89079 Ulm

STRAUCH, Hildegard, Rechtsanwältin, Schützenhofstraße 3, 65183 Wiesbaden

SZILIT, Gabriele, Rechtsanwältin, Clemensstraße 76, 80796 München

VALENTIN, Eva-Luise, Dipl.-Soz.päd., Familientherapeutin, Ladenburgerstraße 54, 69120 Heidelberg

VETTERLI, Rolf, Richter, Präsident am Kantonsgericht St. Gallen, Klosterhof 1, CH-9001 St. Gallen

VOSWINKEL, Anke, Rechtsanwältin, Taimerhofstraße 28, 81927 München

WENDE, Rainer, Rechtsanwalt, Friedrichstraße 55, 65185 Wiesbaden
WERNER, Günther, Rechtsanwalt und Notar, Heckenstraße 48, 38226 Salzgitter
WIEDMER, Ursula, Gerichtsschreiberin und Rechtsanwältin, Greifenstraße 13, CH-9000 St. Gallen
WIERZ, Rainer, Rechtsanwalt, Viktoriastraße 9, 66111 Saarbrücken
WINKLER, Uta, Dipl.-Psych., Starzenberg 5, 84326 Falkenberg
WOLF, Marion, Rechtsanwältin, Tannenstraße 26, 72250 Freudenstadt
ZANK, Erika, Rechtsanwältin und Notarin, Adolfstraße 9, 23568 Lübeck
ZIMMERMANN, Gabriele, Rechtsanwältin, Albert-Schweitzer-Straße 2, 67435 Neustadt
ZIRFASS, Rudolf, Rechtsanwalt, Thundorferstaße 13, CH-8501 Frauenfeld

Weiterführende Literatur

Fisher, Roger, Ury, William (1993): Das Harvard-Konzept. Sachgerecht verhandeln – erfolgreich verhandeln. Frankfurt/Main: Campus Verlag.

Gloor, Prisca (1993): Mediation. Ein Vermittlungsverfahren für familäre Konflikte. Zürich: Verlag Pro Juventute.

Mähler, H. G., Mähler, G., Duss-von Werdt, J. (1994): Faire Scheidung durch Mediation. Ein neuer Weg bei Trennung und Scheidung. München: Gräfe und Unzer.

Märtin, Doris (1995): Die sanfte Scheidung. Mediation. Der neue Weg, sich ohne Verlierer einvernehmlich zu trennen. München: Wilhelm Heyne.

Stadler, Christian, Golling, Gabi (1994): Im guten auseinandergehen. Mediation: Neue Wege bei der Scheidung. München: Knaur.

Strecker, Christoph (1994): Versöhnliche Scheidung. Familienrecht für Nichtjuristen. Berlin: Beltz Quadriga.

2. Hilft uns die Mediation beim Entschluß zur Scheidung?

Ein Paar, das seit seiner Scheidung über die Kinder stritt, kam zur Mediation. Indem beide einen Betreuungsplan erarbeiteten, lernten sie, neue Wege zu gehen, miteinander zu sprechen, und sie fanden heraus, daß sie wieder zusammensein wollten. Beide waren aber wiederverheiratet, jedoch ohne Kinder aus diesen Ehen. Später ließen sie sich scheiden und heirateten einander wieder.

Obwohl diese Geschichte eine außergewöhnliche Situation darstellt, kommt es doch vor, daß sich Paare, die in der Mediation ihre Konvention erarbeiten, wieder versöhnen. Manche Mediatoren halten es daher für wichtig, generell zu besprechen, ob das Paar sich wirklich scheiden lassen will. Diese Abklärung sollte aber nicht der Form halber mit allen Paaren durchgeführt werden. Denn dann würde der Mediator seine eigenen Ziele verfolgen und nicht die seiner Klienten. Dabei gibt es folgende Risiken:

- Derjenige Partner, der weiß, daß er die Scheidung will, macht das Spiel mit, um sein schlechtes Gewissen zu beruhigen oder um nicht als der Böse dazustehen, sowohl vor dem Mediator als auch vor dem Partner.
- Wenn es doch zu einer Scheidung kommt, hat der enttäuschte Partner vielleicht kein Vertrauen mehr in die Fähigkeiten des Mediators oder die Möglichkeiten der Mediation.
- Das eigentliche Ziel, die Mediation, wird vergessen, und es handelt sich schließlich um eine Therapie. Es ist daher von Vorteil, von vornherein eine gewisse Anzahl Sitzungen zur Abklärung der Frage, ob man sich scheiden lassen will, bereitzuhalten.

Um nicht in eine Doppelrolle als Therapeut und Mediator zu geraten, sollten sich der Mediator und das Paar überlegen, ob sie nicht einige Sitzungen Ehetherapie versuchen wollen.

Kann uns Ehetherapie helfen?

Einerseits ist Scheidung eine der anstrengendsten Krisen im Leben, die sich niemand wünscht. Andererseits ist es nicht gut, in einer lieblosen oder sogar haßerfüllten Beziehung zu verbleiben. Deshalb ist es sicherlich einen Versuch wert, sich von der alten Beziehung zu trennen, wie es die bekannte amerikanische Therapeutin Michele Weiner-Davis [1] sagt, und eine neue und bessere mit dem gleichen Partner anzufangen. Es liegt an Ihnen, damit zu beginnen. Wenn Sie sich ändern und sich anders gegenüber Ihrem Partner verhalten, wird sich auch Ihre Beziehung verändern. Warten Sie also nicht auf Ihren Partner, um den ersten oder auch den zweiten Schritt zu tun!

Es gibt viele unterschiedliche Therapien mit unterschiedlichen Theorien, um herauszufinden, warum Probleme auftauchen. Sie können Stunden damit verbringen, Hypothesen darüber aufzustellen, und Sie werden je nach Therapie und Therapeuten andere finden. Eine der beliebtesten Theorien in unserer westlichen Welt sucht in der Kindheit nach den Ursachen von Problemen. Eine weitere populäre Idee geht davon aus, daß das „Durcharbeiten" von Emotionen Veränderungen bewirkt. Paare lernen dadurch ihre Gefühle zu äußern und zu verstehen, aber sie haben immer noch dieselben Gefühle gegeneinander. Die Vertreter dieser Idee nehmen an, daß Veränderungen nur schwer zu erreichen sind. Deshalb geschieht es auch so, und die Therapie dürfte lange dauern. Wenn sich die Ehe nicht verbessert, gibt man dem anderen Partner oder dem unverbesserlichen Paar die Schuld. Die Therapieart jedoch wird nicht in Frage gestellt.

Heute gibt es neue Therapiearten, beispielsweise die lösungsorientierte Kurztherapie, in der nach Lösungen und nicht nach Erklärungen für die Probleme gesucht wird. Die Klienten lernen, wie sie sich verhalten sollen, um gut miteinander auszukommen, und beginnen, diese Verhaltensweisen öfters zu wiederholen. Sie lernen, ihre unproduktiven Interaktionen zu erkennen, zu vermindern oder sogar auszuschalten. Die Klienten setzen sich Ziele, wodurch der Fortschritt in jeder Sitzung überprüft werden kann. Und wenn etwas nicht hilft, so wird die Strategie geändert. Die durchschnittliche Anzahl an Therapiesitzungen beträgt vier bis sechs.

Egal welche Therapie Sie für sich wählen, achten Sie auf folgendes:

- Fühlen Sie sich wohl bei Ihrem Therapeuten? Halten Sie ihn für kompetent, mit Ihren Problemen umzugehen? Versteht er Ihre Situation, und respektiert er Sie, auch wenn er Ihr Weltbild zu ändern versucht und Ihnen Vorschläge macht, die für Sie zu Beginn eine Herausforderung bedeuten?
- Eine Therapiesitzung ist nicht dazu da, mit Ihrem Partner zu streiten. Falls der Therapeut Ihren zu Hause schon tausenal durchgeführten Streit zuläßt, unterbrechen Sie den Disput, und fragen Sie nach Lösungen.
- Beobachten Sie, ob sich Ihre Beziehung verbessert. Wenn Sie keine Änderung innerhalb von fünf bis zehn Sitzungen erkennen, diskutieren Sie es, und brechen Sie eventuell die Therapie ab.

Wie finde ich einen Therapeuten?

Vielleicht haben Sie einen Freund, Bekannten oder Nachbarn, der in Therapie ist bzw. war und zufrieden mit dem Therapeuten ist bzw. war. Erkundigen Sie sich, wie lange die Therapie gedauert hat und ob das Problem, mit dem er zur Therapie gegangen war, gelöst wurde. Viele Leute fühlen sich in einer Therapie wohl und besuchen sie daher über längere Zeit, doch das Problem wird nicht gelöst. Zudem wird es immer schwieriger, etwas nicht gut zu finden, in das man viel Zeit und Geld gesteckt hat. Wenn Sie aber wissen, daß Ihr Bekannter innerhalb weniger Sitzungen sein Ziel erreicht hat, ist diese Therapie sicherlich einen Versuch wert.

Befragen Sie den Therapeuten über folgende Punkte, bevor Sie einen Termin verabreden[1]:

- Welche Ausbildung hat der Therapeut? Wahrscheinlich antwortet der Therapeut mit seinem Titel, wie Psychiater, Diplompsychologe, Sozialarbeiter oder Priester.
- Hat der Therapeut Erfahrung mit dem Problem, das Sie zur Therapie führt?
- Wie teuer ist eine Therapiestunde? Viele Therapeuten stellen sich auf Ihre finanzielle Situation ein und verlangen je nach Ihren finanziellen Mitteln weniger. Die Krankenkasse übernimmt vielleicht auch einen Teil davon. Erkundigen Sie sich, es lohnt sich!
- Wie lange dauern die Sitzungen? Meistens zwischen 45 Minuten und einer Stunde.
- Wie oft werden die Therapiestunden abgehalten? Oftmals wird ein Klient einmal wöchentlich therapiert. Kurztherapeuten sehen die Klienten weniger häufig.
- Wie lange dauert eine durchschnittliche Therapie? Dies ist abhängig vom Therapieansatz, von den Fähigkeiten des Therapeuten, Ihrer Motivation und dem Problem. Da Sie vielleicht nicht wöchentlich zur Therapie gehen möchten, fragen Sie, wie viele Sitzungen man etwa braucht, um Ihr Ziel zu erreichen. Kurztherapien dauern etwa 10 Sitzungen, die sich aber über mehrere Monate erstrecken können.
- Wieviele Paare, die diesen Therapeuten aufsuchen, lösen ihre Schwierigkeiten, ohne sich scheiden zu lassen? Wahrscheinlich hat der Therapeut keine Statistik, doch erfahren Sie mit dieser Frage einiges darüber, wie der Therapeut über Ehe und Scheidung denkt.

Wichtige Adressen für Partnerschaftsfragen

Es empfiehlt sich, die fachliche Hilfe zu suchen, die von vielen Beratungsstellen angeboten wird. Kommunen, Kirchen und sonstige Träger haben ein dichtes Netz psychosozialer Dienste geknüpft, so daß in jeder Stadt eine oder mehrere Beratungsstellen zu finden sind, an denen die Betroffenen kompetente, fachliche Partnerschaftsberatung erhalten.

Im folgenden haben wir für Sie die Adressen der in Frage kommenden Träger zusammengestellt, an die Sie sich wenden können, falls Sie an Ihrem Ort keine befriedigende Versorgung finden konnten.

Arbeiterwohlfahrt Bundesverband e. V., Oppelner Straße 130, 53119 Bonn, Tel.: 0228/66850

Bundeskonferenz für Erziehungsberatung e. V., Geschäftsstelle, Amalienstraße 6, 90763 Fürth, Tel.: 0911/97714–0

Deutsche Arbeitsgemeinschaft für Jugend- und Eheberatung (DAJEB), Bundesgeschäftsstelle, Neumarkter Straße 84c, 81673 München, Tel.: 089/4361091

Deutsche Hauptstelle gegen die Suchtgefahren (DHS), Postfach 1369, 59003 Hamm, Tel.: 02381/9015–0

Deutscher Caritasverband e. V., Karlstraße 40, Postfach 420, 79104 Freiburg, Tel.: 0761/200–0

Deutscher Kinderschutzbund e. V., Schiffgraben 29, 30159 Hannover, Tel.: 0511/329135

Diakonisches Werk der Evangelischen Kirche in Deutschland e. V., Stafflenbergstraße 76, 70184 Stuttgart, Tel.: 0711/2159–0

Evangelische Konferenz für Familien- und Lebensberatung e. V., Kurfürstenstraße 49, 12105 Berlin, Tel.: 030/7055884

IAF – Verband bi-nationaler Familien und Partnerschaften, Kasseler Straße 1a, 60486 Frankfurt/Main, Tel.: 069/70750–87/-88/-89

Katholische Bundesarbeitsgemeinschaft für Ehe-, Familien- und Lebensberatung e. V., Kaiserstraße 163, 53113 Bonn, Tel.: 0228/1031

Pro Familia, Bundesverband, Stresemannallee 3, 60596 Frankfurt, Tel.: 069/639002

Für Österreich: Kath. Familienwerk Österreichs, Spiegelgasse 3, A-1010 Wien

Für die Schweiz: Pro Familia Schweiz, Laupenstraße 45, CH-3001 Bern, Tel.: 0041/31/259030

Weiterführende Literatur

Weiner-Davis, Michele (1993): Scheidungs-Vermeidungspro-gramm. Hamburg: Kabel Verlag.

3. Das Scheidungsrecht und die Mediation

Eine Scheidung will nicht nur bewirken, daß Sie nicht mehr unter einem Dach zusammenleben müssen, sondern es bietet sich auch an, im Rahmen der Ehescheidung gemeinsam angeschaffte Güter untereinander aufzuteilen. Während der Zeit, in der Sie mit gewaltigen Emotionen umgehen, sollten Sie sich auch um den rechtlichen Aspekt der Scheidung kümmern. In diesem Buch erfahren Sie, wie Sie sich weiter informieren und die für Sie besten Entscheidungen selbst treffen können. Sie lernen, wie Sie Ihren Anwalt zu Ihrem Vorteil einsetzen können, so daß er für Sie effizient arbeitet. Sie erfahren auch Wege, wie Sie Ihre Scheidung selbständig und mündig durchführen können und nur dort, wo es das Gesetz vorschreibt, Juristen (Anwälte, Richter) mit ihrer Scheidung betrauen müssen.

Der folgende Teil über die rechtlichen Aspekte der Scheidung soll Ihnen einen allgemeinen Überblick geben, was auf Sie zukommen wird und womit Sie sich auseinandersetzen werden[1,2,3,4]. Es handelt sich nicht um Rechtsberatung, und es wird kein Anspruch auf Vollständigkeit erhoben. Sie werden sicherlich noch viele Fragen haben, die Ihre persönliche Situation betreffen und mit denen Sie sich gezielt an einen Anwalt und andere Fachleute wenden können.

Das Trennungsjahr

In Deutschland kann man sich erst scheiden lassen, wenn man während eines Jahres getrennt lebt. Dazu müssen Sie in der Regel räumlich getrennt gewesen sein. Nur ausnahmsweise reicht es, wenn Sie in getrennten Zimmern schlafen und getrennte Haushalte (getrennte Mahlzeiten und Wäsche) führen.

Wollen beide Eheleute nach Ablauf des Trennungsjahres geschieden sein, so gilt die Ehe unwiderruflich als gescheitert. Der Familienrichter muß sich in diesem Fall also kein Urteil darüber bilden, ob die Ehe „wirklich" zerrüttet ist oder nicht. Möchte demgegenüber nur eine Ehegatte geschieden sein und widerspricht der andere der Scheidung, so muß der Richter, sofern die Eheleute noch keine drei Jahre getrennt leben, ermitteln, ob die Ehe gescheitert ist oder nicht. Leben die Eheleute schon mehr als drei Jahre getrennt, so kann sich der andere Ehegatte nur in extremen Ausnahmefällen („Härteklausel") gegen die Scheidung wehren.

§ 1566 BGB
(I) Es wird unwiderlegbar vermutet, daß die Ehe gescheitert ist, wenn die Ehegatten seit einem Jahr getrennt leben und beide Ehegatten die Scheidung beantragen oder der Antragsgegner der Scheidung zustimmt.
(II) Es wird unwiderlegbar vermutet, daß die Ehe gescheitert ist, wenn die Ehegatten seit drei Jahren getrennt leben.

§ 1567 BGB
(I) Die Ehegatten leben getrennt, wenn zwischen ihnen keine häusliche Gemeinschaft besteht und ein Ehegatte sie erkennbar nicht herstellen will, weil er die eheliche Lebensgemeinschaft ablehnt. Die häusliche Gemeinschaft besteht auch dann nicht mehr, wenn die Ehegatten innerhalb der ehelichen Wohnung getrennt leben.
(II) Ein Zusammenleben über kürzere Zeit, das der Versöhnung der Ehegatten dienen soll, unterbricht oder hemmt die in § 1566 bestimmten Fristen nicht.

Wollen Sie sich vor Ablauf des Trennungsjahres scheiden lassen, müssen Sie beweisen, daß es eine unzumutbare Härte wäre, das Trennungsjahr abwarten zu müssen. Als unzumutbare Härte gilt in der Regel Gewalt gegen Sie, z. B. alkoholbedingte, wobei es entscheidend darauf ankommt, ob es zumutbar ist, weiter miteinander verheiratet zu sein. Sie müssen dazu einen Gerichtsantrag stellen. Wird er abgelehnt, können Sie Berufung einlegen, wird ihm stattgegeben, kann Ihr Partner Berufung einlegen. Wenn Sie von Ihrem Mann geschlagen werden, können Sie das Trennungsjahr im Frauenhaus oder einer Übergangswohnung abwarten (siehe Kapitel 4).

Der Scheidungsantrag

Nehmen wir nun an, daß Ihr Trennungsjahr vorbei ist, und Sie wollen den Scheidungsantrag stellen. In Deutschland stehen Sie unter dem Anwaltszwang. Das heißt, daß ein Anwalt für Sie den Scheidungsantrag am Gericht stellen muß. Sie dürfen das nicht selbst tun. Spätestens zu diesem Zeitpunkt müssen Sie also einen Anwalt aufsuchen. Worauf Sie dabei achten sollten, können Sie in Kapitel 7 nachlesen.

Ihr Anwalt wird den Ehescheidungsantrag beim Familiengericht, in dessen Bezirk die Ehepartner wohnen, einreichen. Wenn ein Ehegatte schon ausgezogen ist, gilt das Familiengericht des Bezirkes, in dem der andere Ehegatte mit den minderjährigen Kindern wohnt. Hat das Paar keine Kinder, wird der Scheidungsantrag beim Familiengericht des Bezirkes eingereicht, in dem die Ehepartner zuletzt gewohnt haben, falls einer der Partner noch dort wohnt. Sofern die Einhaltung des Trennungsjahres für Sie keine unzumutbare Härte bedeutet, wird der Anwalt frühestens gegen Ende des Trennungsjahres für Sie einen Scheidungsantrag stellen, wobei er dem Gericht mitteilt, daß die Lebensgemeinschaft nicht mehr besteht und auch, zumindest Ihrerseits, nicht mehr wiederhergestellt werden soll. Außerdem muß der Anwalt die Heiratsurkunde, die Geburtsurkunde der Kinder und die Zustimmungserklärung des Ehegattens vorlegen. Der Scheidungsantrag wird Ihrem Ehegatten per Post zugestellt. Die Post muß dem Gericht mit einer Zustellungsurkunde bestätigen, wer den Brief entgegengenommen hat. Ist der Empfänger nicht zu Hause, muß er den Brief beim Postamt abholen.

Es lohnt sich, wenn Sie das Trennungsjahr genutzt und schon die Folgesachen geregelt haben. Unter Folgesachen werden die bei einer Scheidung zu regelnden Punkte verstanden.

Das Sorgerecht

Das Sorgerecht umfaßt das Recht und die Pflicht, für die Person und das Vermögen des Kindes zu sorgen. Hierbei ist es denkbar, die elterliche Sorge auf einen Elternteil zu übertragen oder aber es bei der während der Ehe bestehenden gemeinsamen elterlichen Sorge zu belassen. Beim gemeinsamen Sorgerecht bewahren beide Elternteile ihr Recht, Entscheidungen für das Kind zu treffen und es rechtlich zu vertreten. Oft behält das Kind dabei auch ausgiebigen Kontakt zu beiden Elternteilen. Bei Übertragung der elterlichen Sorge auf ein Elternteil verliert der andere Elternteil (zu 85 Prozent ist es der Vater) sein Sorgerecht, nicht aber seine „Elternrechte". Statt des Sorgerechts erhält der nicht sorgeberechtigte Elternteil allerdings ein Umgangsrecht. Das Gericht zieht immer das Jugendamt hinzu, wenn eine Ehe mit minderjährigen Kindern geschieden wird, unabhängig davon, ob sich die Eltern über das Sorge- und Umgangsrecht einig sind. Dabei muß die Familie manchmal zu einem Gespräch beim Jugendamt antreten. Häufiger sucht das Jugendamt den Ehegatten auf, bei dem die Kinder leben, um sich vor Ort einen Eindruck zu verschaffen. Für Kinder, die älter als 14 Jahre sind, ist eine Anhörung durch den Richter zwingend vorgeschrieben, um zu vermeiden, daß mitsprachefähige junge Menschen lediglich Objekt richterlicher Entscheidung werden. Ist das Kind unter 14 Jahre alt, muß der Richter es befragen, wenn er für seine Entscheidung einen persönlichen Eindruck über die Neigungen, die Bindungen und den Willen des Kindes braucht.

§ 1671 BGB
(I) Wird die Ehe der Eltern geschieden, so bestimmt das Familiengericht, welchem Elternteil die elterliche Sorge für ein gemeinschaftliches Kind zustehen soll.
(II) Das Gericht trifft die Regelung, die dem Wohle des Kindes am besten entspricht: hierbei sind die Bindungen des Kindes, insbesondere an seine Eltern und Geschwister, zu berücksichtigen.
(III) Von einem übereinstimmenden Vorschlag der Eltern soll das Gericht nur abweichen, wenn dies zum Wohle des Kindes erforderlich ist.

Macht ein Kind, welches das vierzehnte Lebensjahr vollendet hat, einen abweichenden Vorschlag, so entscheidet das Gericht nach Absatz 2.

§ 50 b FGG
(1) Das Gericht hört in einem Verfahren, das die Personen- oder Vermögenssorge betrifft, das Kind persönlich an, wenn die Neigungen, Bindungen oder der Wille des Kindes für die Entscheidung von Bedeutung sind oder wenn es zur Feststellung des Sachverhalts angezeigt erscheint, daß sich das Gericht von dem Kind einen unmittelbaren Eindruck verschafft.
(2) Hat ein Kind das vierzehnte Lebensjahr vollendet ..., so hört das Gericht in einem Verfahren, das die Personensorge betrifft, das Kind persönlich an ...

Das Umgangsrecht

Das Umgangsrecht ist das Recht des nicht sorgeberechtigten Elternteils und des Kindes, eine persönliche Beziehung zueinander zu haben.

§ 1634 BGB
(I) Ein Elternteil, dem die Personensorge nicht zusteht, behält die Befugnis zum persönlichen Umgang mit dem Kinde. Der Elternteil, dem die Personensorge nicht zusteht, und der Personensorgeberechtigte haben alles zu unterlassen, was das Verhältnis des Kindes zum anderen beeinträchtigt oder die Erziehung erschwert.
(II) Das Familiengericht kann über den Umfang der Befugnis entscheiden und ihre Ausübung auch gegenüber Dritten näher regeln. ... Das Familiengericht kann die Befugnis einschränken oder ausschließen, wenn dies zum Wohle des Kindes erforderlich ist.

Der Versorgungsausgleich

Im Versorgungsausgleich wird zunächst festgestellt, wieviel Rentenanwartschaften jeder Ehegatte während der Ehezeit erworben hat. Besteht zwischen beiden ein Unterschied, wird dieser Unterschiedsbetrag hälftig geteilt, so daß im Ergebnis jeder Ehegatte die Hälfte der während der Ehe erworbenen Altersversorgung erhält.

Erst wenn die Ehegatten die Pension oder Rente beziehen, spüren sie den Versorgungsausgleich. Wenn sich zum Beispiel die Frau während der Ehe um die Kinder gekümmert hat und sich der Mann durch seine Berufstätigkeit eine Altersvorsorge angeschafft hat, dann steht der Frau die Hälfte davon zu. Die Ehepartner sind aber frei, über den Versorgungsausgleich zu verhandeln. Sofern sie sich allerdings auf eine vom gesetzlichen Versorgungsausgleich abweichende Regelung einigen, bedarf die entsprechende Vereinbarung der Genehmigung des Familiengerichts, um sicherzustellen, daß keiner der Eheleute unangemessen benachteiligt wird.

§ 1587 BGB
(I) Zwischen den geschiedenen Ehegatten findet ein Versorgungsausgleich statt, soweit für sie oder einen von ihnen in der Ehezeit Anwartschaften oder Aussichten auf eine Versorgung wegen Alters oder Berufs- oder Erwerbsunfähigkeit ... begründet oder aufrechterhalten worden sind.

§ 1587 a BGB
(I) Ausgleichspflichtig ist der Ehegatte mit den werthöheren Anwartschaften oder Aussichten auf eine auszugleichende Versorgung. Dem berechtigten Ehegatten steht als Ausgleich die Hälfte des Wertunterschiedes zu.

§ 1587 o BGB
(I) Die Ehegatten können im Zusammenhang mit der Scheidung eine Vereinbarung über den Ausgleich von Anwartschaften oder Anrechten auf eine Versorgung wegen Alters oder Berufs- oder Erwerbsfähigkeit schließen ...

Der Zugewinnausgleich

Hat einer der Ehegatten während der Ehe mehr Vermögenswerte erworben als der andere, so ist der andere berechtigt, Zugewinnausgleich geltend zu machen. Hierbei wird für jeden Ehepartner der Wert seines Vermögens zum Zeitpunkt der Stellung des Scheidungsantrags (Endvermögen) ermittelt und mit dem sogenannten Anfangsvermögen verglichen. Ergibt dieser Vergleich, daß der eine mehr zugewonnen hat als der andere, so ist die Hälfte der Differenz auszugleichen. Die Geldentwertung wird dabei berücksichtigt.

Die meisten Eheleute leben im sogenannten gesetzlichen Güterstand der Zugewinngemeinschaft. Daher besteht bei unterschiedlichem Zugewinn in der Regel auch ein Anspruch auf Zugewinnausgleich. Nur wenn die Eheleute durch einen Ehevertrag, der der notariellen Form bedarf, etwas anderes, z. B. Gütertrennung, vereinbart hatten, besteht kein Anspruch auf Zugewinnausgleich.

§ 1363 BGB
(I) Die Ehegatten leben im Güterstand der Zugewinngemeinschaft, wenn sie nicht durch Ehevertrag etwas anderes vereinbaren.

§ 1373 BGB
Zugewinn ist der Betrag, um den das Endvermögen eines Ehegatten das Anfangsvermögen übersteigt.

§ 1374 BGB
(I) Anfangsvermögen ist das Vermögen, das einem Ehegatten nach Abzug der Verbindlichkeiten beim Eintritt des Güterstandes gehört; ...
(II) Vermögen, das ein Ehegatte nach Eintritt des Güterstandes von Todes wegen oder mit Rücksicht auf ein künftiges Erbrecht durch Schenkung oder als Ausstattung erwirbt, wird nach Abzug der Verbindlichkeiten dem Anfangsvermögen hinzugerechnet ...

§ 1375 BGB
(I) Endvermögen ist das Vermögen, das einem Ehegatten nach Abzug der Verbindlichkeiten bei der Beendigung des Güterstandes gehört ...

§ 1378 BGB
(I) Übersteigt der Zugewinn des einen Ehegatten den Zugewinn des anderen, so steht die Hälfte des Überschusses dem anderen Ehegatten als Ausgleichsforderung zu.

Der Kindesunterhalt

Beide Elternteile sind verpflichtet, für den Unterhalt ihres Kindes aufzukommen. Der eine Elternteil – meistens die Mutter – tut dies, indem er das Kind betreut, der andere Elternteil durch eine monatliche Geldzahlung. Um diesen Betrag zu errechnen, übernimmt man nach dem Einkommen des Unterhaltspflichtigen und dem Alter der Kinder differenzierte Unterhaltsbeträge der „Düsseldorfer Tabelle". Sie wird im gesamten Bundesgebiet im wesentlichen einheitlich angewandt, wobei in den neuen Bundesländern für die Einkommensgruppen zwischen 1500 und 2400 DM die „Berliner Vortabelle" bzw. die „Thüringer Tabelle" im wesentlichen einheitlich akzeptiert wird. Das Kind sollte dabei am Lebensstandard seiner Eltern teilhaben können: Wenn der barunterhaltspflichtige Elternteil mehr verdient, so wird der Kindesunterhalt einer höheren Einkommensgruppe der Düsseldorfer Tabelle entnommen. Es wird bei diesen Tabellen angenommen, daß der Unterhaltspflichtige vier Personen zu ernähren hat: Ehegatte, zwei Kinder und sich selbst. Sind es weniger, wird der Unterhalt höher bemessen, sind es mehr, wird er niedriger bemessen. Es wird auch angenommen, daß die Kinder in der gesetzlichen Krankenversicherung eines Elternteils mitversichert sind. Ist dies nicht der Fall, müssen die Kosten dafür addiert werden.

Wenn das Kind in eine teurere Altersstufe kommt, liegt es am betreuenden Elternteil, den größeren Unterhaltsbetrag zu verlangen. Auch wenn der Unterhaltsschuldner seinen Zahlungen nicht nachkommt, liegt es am betreuenden Elternteil, diese Rückstände zu verlangen. Man kann dafür ans Gericht gehen oder eine vollstreckbare Urkunde über den Unterhalt minderjähriger Kinder kostenfrei bei Jugendämtern oder gegen eine Gebühr beim Notariat beziehen. Liegt gegen den barunterhaltspflichtigen Elternteil ein Urteil vor oder hat er sich in einer vollstreckbaren Urkunde zur Unterhaltszahlung verpflichtet, so kann z. B. sein Gehalt gepfändet werden.

Wenn beide Eltern das Kind gleichermaßen weiter betreuen, so richtet es sich nach der wirtschaftlichen Leistungsfähigkeit beider Elternteile, in welchem Umfang sie für die Kosten des Kindesunterhalts aufzukommen haben.

Außer in Mangelfällen soll das staatliche Kindergeld beide

Eltern gleichermaßen entlasten. Erhält die sorgeberechtigte Mutter das Kindergeld, kann der Vater die Hälfte davon von seiner Unterhaltspflicht abziehen. Wird das Kindergeld dem Vater ausbezahlt, so erhöht sich seine Zahlungspflicht um den gleichen Betrag.

Für die Vergangenheit wird Unterhalt grundsätzlich nur dann geschuldet, wenn der Unterhaltspflichtige zuvor zur Zahlung eines konkreten Unterhaltsbetrages aufgefordert worden oder der Unterhaltsanspruch eingeklagt worden war. Etwas anderes gilt für den sogenannten Sonderbedarf. Dies sind unregelmäßige und außergewöhnlich hohe Kosten, die in den normalen Unterhaltsbedarf nicht eingerechnet werden konnten, z. B. eine orthopädische Kieferbehandlung. Solcher Sonderbedarf kann nur bis zu einem Jahr nach seiner Entstehung geltend gemacht werden, es sei denn, der Verpflichtete war vorher aufgefordert oder der Anspruch eingeklagt worden.

Düsseldorfer Tabelle vom 1. Januar 1996

Nettoeinkommen in DM	bis 6 Jahre	7 bis 12 Jahre	13 bis 18 Jahre
bis 2400	349	424	502
2400–2700	375	450	530
2700–3100	400	480	565
3100–3600	435	525	615
3600–4200	475	570	675
4200–4900	515	620	735
4900–5800	565	680	805
5800–6800	615	740	875
6800–8000	665	805	945
über 8000	nach den Umständen des Einzelfalles		

Berliner und Thüringer Tabelle vom 1. Januar 1996

Nettoeinkommen in DM	bis 6 Jahre	7 bis 12 Jahre	13 bis 18 Jahre
bis 1800	314	380	451
1800 bis 2100	332	402	476
2100 bis 2400	349	424	502
ab 2400	wie Düsseldorfer Tabelle		

§ 1601 BGB
Verwandte in gerader Linie sind verpflichtet, einander Unterhalt zu gewähren.

§ 1603 BGB
(I) Unterhaltspflichtig ist nicht, wer bei Berücksichtigung seiner sonstigen Verpflichtungen außerstande ist, ohne Gefährdung seines angemessenen Unterhalts den Unterhalt zu gewähren.

§ 1606 BGB
(III) Mehrere gleich nahe Verwandte haften anteilig nach ihren Erwerbs- und Vermögensverhältnissen. Die Mutter erfüllt ihre Verpflichtung, zum Unterhalt eines minderjährigen unverheirateten Kindes beizutragen, in der Regel durch die Pflege und Erziehung des Kindes.

§ 1610 BGB
(I) Das Maß des zu gewährenden Unterhalts bestimmt sich nach der Lebensstellung des Bedürftigen (angemessener Unterhalt).
(II) Der Unterhalt umfaßt den gesamten Lebensbedarf einschließlich der Kosten einer angemessenen Vorbildung zu einem Beruf, bei einer der Erziehung bedürftigen Person auch die Kosten der Erziehung.

§ 1 Regelunterhalt-Verordnung
Der Regelbedarf eines Kindes ... beträgt
1. bis zur Vollendung des sechsten Lebensjahres
   i) ... ab 01.01.1996 monatlich 349 DM,
2. vom siebten bis zur Vollendung des zwölften Lebensjahres
   i) ... ab 01.01.1996 monatlich 424 DM,
3. vom dreizehnten bis zur Vollendung des achtzehnten Lebensjahres
   i) ... ab 01.01.1996 monatlich 502 DM.

Der Ehegattenunterhalt

Nach der Scheidung trägt jeder Ehegatte wieder die Eigenverantwortung und hat grundsätzlich für sich selbst aufzukommen. Kann aber ein Ehegatte – meistens die Frau – seinen Lebensunterhalt nicht selbst bestreiten, hat er Anspruch auf „Unterhalt". Das ist der Fall, wenn er die Kinder erzieht, in Ausbildung ist, weniger verdient als der Expartner, aus alters- oder gesundheitlichen Gründen keine Beschäftigung findet oder arbeitslos ist. Das Ziel ist es, den ehelichen Lebensstandard auch nach der Scheidung aufrechtzuerhalten. Meistens ist dies jedoch unmöglich, und beide Eheleute müssen den Gürtel enger schnallen.

Sind die Kinder älter, kann der Frau zugemutet werden, daß sie halbtags und später ganztags außer Haus arbeiten geht. Beispiele aus der Rechtssprechung zeigen, daß das Kind älter als acht Jahre sein muß, damit eine Halbtagsstelle zugemutet werden kann, und älter als 15 Jahre für die volle Berufstätigkeit. Aber jede Familie ist unterschiedlich, und das Gericht beurteilt den Einzelfall.

Was die Höhe des Unterhalts angeht, so richtet sie sich nach der wirtschaftlichen Leistungsfähigkeit der Ehegatten. Ist nur ein Ehegatte berufstätig, während der andere Ehegatte über keine Einkünfte verfügt, so erhält der unterhaltsbedürftige Ehegatte 3/7 des bereinigten Nettoeinkommens des berufstätigen Ehepartners. Ist hingegen auch der Unterhaltspflichtige, z.B. als Rentner, nicht mehr berufstätig, so ist die Hälfte des bereinigten Nettoeinkommens als Ehegattenunterhalt zu zahlen. Vor Bildung der jeweiligen Quote sind z.B. Unterhaltsbeträge für minderjährige Kinder ebenso wie berufsbedingte Aufwendungen und Beträge für Krankenvorsorge und Altersvorsorge abzuziehen.

Waren beide Ehegatten vor der Trennung berufstätig und setzen sie diese Berufstätigkeiten auch nach der Trennung fort, so kann der Ehegatte mit niedrigerem Verdienst in der Regel 3/7 der Differenz zwischen den bereinigten Nettoeinkommen als

Unterhalt beanspruchen. Waren die ehelichen Lebensverhältnisse demgegenüber lediglich durch das Einkommen eines Ehegatten geprägt, wird auch bei der Ermittlung des nachehelichen Unterhalts zunächst nur dieses eine Einkommen zugrunde gelegt. Muß dann der andere Ehegatte, etwa weil die Kinder älter geworden sind, eine Berufstätigkeit aufnehmen, so wird sein aus dieser Berufstätigkeit erzieltes, bereinigtes Nettoeinkommen von dem zuvor ermittelten Unterhaltsbetrag abgezogen.

In der Mediation kann der nacheheliche Unterhalt frei geregelt und den individuellen Bedürfnissen angepaßt werden. Die Frau hat allerdings keinen Anspruch auf Sozialhilfe, falls sie sich durch Abschluß einer für sie ungünstigen Unterhaltsvereinbarung willkürlich mittellos stellt.

Während die Eheleute im Jahr der definitiven Trennung noch die Verheirateten zustehenden Steuervorteile in Anspruch nehmen können, verringern sich ihre Nettoeinkünfte durch Verschlechterung der Steuerklasse erheblich. Allerdings räumt das Gesetz dem Unterhaltspflichtigen die Möglichkeit ein, den Ehegattenunterhalt bis zu einem bestimmten Höchstbetrag von seinem zu versteuernden Einkommen als Sonderausgaben abzuziehen, wenn der Empfänger seinerseits den Unterhalt als Einkommen versteuert. Obgleich der unterhaltspflichtige Ehegatte im Rahmen des sogenannten begrenzten Realsplitting dazu verpflichtet ist, die sich aus der Versteuerung des Unterhalts ergebenden Nachteile des Unterhaltsberechtigten auszugleichen, ist die Inanspruchnahme der Abzugsmöglichkeit des Unterhalts dennoch vorteilhaft, da der Steuersatz des Unterhaltsberechtigten grundsätzlich niedriger ist als der des Unterhaltspflichtigen.

§ 1570 BGB
Ein geschiedener Ehegatte kann von dem anderen Unterhalt verlangen, solange und soweit von ihm wegen der Pflege oder Erziehung eines gemeinschaftlichen Kindes eine Erwerbstätigkeit nicht erwartet werden kann.

§ 1571 BGB
Ein geschiedener Ehegatte kann von dem anderen Unterhalt verlangen, soweit von ihm im Zeitpunkt

1. der Scheidung
2. der Beendigung der Pflege oder Erziehung eines gemeinschaftlichen Kindes oder
3. des Wegfalls der Voraussetzungen für einen Unterhaltsanspruch nach § 1572 und § 1573
    wegen seines Alters eine Erwerbstätigkeit nicht mehr erwartet werden kann.

§ 1572
Ein geschiedener Ehegatte kann von dem anderen Unterhalt verlangen, solange und soweit von ihm
1. der Scheidung
2. der Beendigung der Pflege oder Erziehung eines gemeinschaftlichen Kindes oder
3. der Beendigung der Ausbildung, Fortbildung oder Umschulung oder
4. des Wegfalls der Voraussetzungen für einen Unterhaltsanspruch nach § 1573
    wegen Krankheit oder anderer Gebrechen oder Schwäche seiner körperlichen oder geistigen Kräfte eine Erwerbstätigkeit nicht erwartet werden kann.

§ 1574 BGB
(I) Der geschiedene Ehegatte braucht nur eine ihm angemessene Erwerbstätigkeit auszuüben.
(II) Angemessen ist eine Erwerbstätigkeit, die der Ausbildung, den Fähigkeiten, dem Lebensalter und dem Gesundheitszustand des geschiedenen Ehegatten sowie den ehelichen Lebensverhältnissen entspricht; bei den ehelichen Lebensverhältnissen sind die Dauer der Ehe und die Dauer der Pflege oder Erziehung eines gemeinschaftlichen Kindes zu berücksichtigen.

§ 1575 BGB
(1) Ein geschiedener Ehegatte, der in Erwartung der Ehe oder während der Ehe eine Schul- oder Berufsausbildung nicht aufgenommen oder abgebrochen hat, kann von dem anderen Ehegatten Unterhalt verlangen, wenn er diese oder eine entsprechende Ausbildung sobald als möglich aufnimmt ...

§ 1577 BGB
(I) Der geschiedene Ehegatte kann den Unterhalt nach den §§ 1570 bis 1573, 1575 und 1576 nicht verlangen, solange und soweit er sich aus seinen Einkünften und seinem Vermögen selbst unterhalten kann.

§ 1580 BGB
Die geschiedenen Ehegatten sind einander verpflichtet, auf Verlangen über ihre Einkünfte und ihr Vermögen Auskunft zu erteilen ...

Der Hausrat und die Ehewohnung

Der Hausrat besteht aus beweglichen Gegenständen wie Möbeln, Auto, elektronischen Geräten, Geschirr, Bettwäsche und Haustieren, die die Eheleute zur gemeinsamen Haushaltsführung benutzen.

Demgegenüber gelten die zum persönlichen Gebrauch eines Ehegatten bestimmten Dinge wie Kleider, Schmuck, Familienandenken oder Sammlungen ebensowenig als Hausrat wie die für die Berufsausübung eines Ehegatten notwendigen Gegenstände. Können sich die Ehegatten über deren Aufteilung nicht einigen, teilt das Gericht sie auf Antrag „nach billigem Ermessen" zu. Dabei wird darauf geachtet, wie dringlich ein Ehegatte einen Gegenstand braucht und ob die Verteilung gerecht ist. Falls ein Ehegatte weniger bekommt, hat er Recht auf Ausgleichszahlung. Diese wird jedoch nach dem Zeitwert des Gegenstandes und nicht nach den Anschaffungskosten bestimmt.

Können sich die Ehepartner nicht einigen, wer in der gemeinsamen Wohnung bleiben soll, so kann das Gericht auf Antrag nach „billigem Ermessen" für sie entscheiden. Dabei berücksichtigt es „alle Umstände des Einzelfalles, insbesondere das Wohl der Kinder und die Erfordernisse des Gemeinschaftslebens", wobei auch die Eigentumsverhältnisse an Haus oder Wohnung eine wesentliche Rolle spielen. Das Gericht kann auf Antrag auch über die Benützung der gemeinsamen Wohnung urteilen. Beispielsweise kann es regeln, welche Zimmer von wem zu welchen Zeiten bewohnt werden dürfen.

§ 1 Hausrats VO
(1) Können sich die Ehegatten anläßlich der Scheidung nicht darüber einigen, wer von ihnen die Ehewohnung künftig bewohnen und wer die Wohnungseinrichtung und den sonstigen Hausrat erhalten soll, so regelt auf Antrag der Richter die Rechtsverhältnisse an der Wohnung und am Hausrat.

§ 5 Hausrats VO
(1) Für eine Mietwohnung kann der Richter bestimmen, daß ein von bei-

den Ehegatten eingegangenes Mietverhältnis von einem Ehegatten allein fortgesetzt wird oder daß ein Ehegatte anstelle des anderen in ein von diesem eingegangenen Mietverhältnis eintritt.

Der Name nach der Scheidung

Hat man seinen Namen bei der Eheschließung geändert, stehen einem mehrere Möglichkeiten zu, welchen Namen man nach der Scheidung weitertragen will.

- Man kann beim Ehenamen bleiben.
- Man kann den Geburtsnamen wieder annehmen.
- Man kann den Namen bei der Eheschließung wieder annehmen, der nicht Geburtsname war, zum Beispiel der Name des verstorbenen Ehegattens.
- Man kann einen Doppelnamen führen, indem man den Geburtsnamen oder den zur Zeit der Eheschließung geführten Namen dem Ehenamen voranstellt oder anfügt.

Für die Namensänderung ist der Standesbeamte zuständig; die auf Namensänderung gerichteten Erklärungen müssen öffentlich beglaubigt werden.

§ 1355 BGB
(V) Der verwitwete oder geschiedene Ehegatte behält den Ehenamen. Er kann durch Erklärung gegenüber dem Standesbeamten seinen Geburtsnamen oder den Namen wieder annehmen, den er bis zur Bestimmung des Ehenamens geführt hat, oder seinen Geburtsnamen dem Ehenamen voranstellen oder anfügen.

Die Steuern

Zur Zeit der Scheidung sind Sie sicherlich besonders froh, möglichst viele Steuerabzüge geltend machen zu können. Auch hier gilt:

- Sich informieren.
- Interessen auf den Tisch bringen.
- Lösungsmöglichkeiten suchen.

● Die beste Lösung auswählen.

Es lohnt sich, das Geld für eine Steuerberatung auszugeben, um danach über Jahre Steuern zu sparen!

Die Kosten der Scheidung

Wenn Sie sich über die Folgesachen schon geeinigt haben, legt der Anwalt den notariell beglaubigten Vertrag zusammen mit dem Scheidungsantrag dem Gericht vor. So sparen Sie Geld, denn die Gerichts- und Anwaltskosten richten sich in Deutschland grundsätzlich nach dem sogenannten Streit- oder Gegenstandswert. Zur Ermittlung des Streitwertes werden die verschiedenen Gegenstände anwaltlicher oder richterlicher Tätigkeit bewertet und sodann addiert. Haben Sie also ein großes Vermögen und viele Dinge, um die Sie streiten, ist der Streit- oder Gegenstandswert hoch und Sie bezahlen mehr. Soweit es Ihnen also gelingt, sich ohne Anwalt zu einigen oder zumindest einen Streit vor Gericht zu vermeiden, können Sie Geld sparen!

Einige Beispiele für die Streitwertberechnung:
● Die Ehescheidung kostet das dreifache gemeinsame monatliche Nettoeinkommen, mindestens aber 4000 DM.
● Der Versorgungsausgleich entspricht dem Betrag der Jahresrente, mindestens aber 1000 DM.
● Die elterliche Sorge wird mit 1500 DM für das erste und – allerdings nicht bei allen Gerichten einheitlich – mit 500 DM für jedes weitere Kind bewertet.
● Das Umgangsrecht beträgt 1000 DM.
● Der Kindesunterhalt beträgt einen Jahresbetrag der Unterhaltszahlungen.
● Der Ehegattenunterhalt beträgt einen Jahresbetrag der Unterhaltszahlungen.
● Der Hausrat wird aus dem Zeitwert des Hausrats errechnet.

- Der Streitwert für die Zuweisung der Ehewohnung zur Nutzung liegt bei einer Jahreskaltmiete.
- Der Zugewinnausgleich beträgt den Vermögenswert des Ausgleichsanspruchs.

Die eigentlichen Gebühren, die Sie dem Gericht bezahlen müssen, können nicht prozentual vom Streit- oder Gegenstandswert errechnet werden. Die Höhe der Gerichtsgebühren ist im Gerichtskostengesetz, die der Anwaltsgebühren in der Bundesrechtsanwaltsgebührenordnung (BRAGO) geregelt.

Tabelle für Rechtsanwaltsgebühren und Gerichtskosten

Rechtsanwaltsgebühren						Wert	Gerichtskosten	
10/10	7,5/10	5/10	3/10	13/10	15/10	bis DM	1,0	0,5
50,00	37,50	25,00	20,00	65,00	75,00	**600**	50,00	25,00
90,00	67,50	45,00	27,00	117,00	135,00	**1200**	70,00	35,00
130,00	97,50	65,00	39,00	169,00	195,00	**1800**	90,00	45,00
170,00	127,50	85,00	51,00	221,00	255,00	**2400**	110,00	55,00
210,00	157,50	105,00	63,00	273,00	315,00	**3000**	130,00	65,00
265,00	198,80	132,50	79,50	344,50	397,50	**4000**	145,00	72,50
320,00	240,00	160,00	96,00	416,00	480,00	**5000**	160,00	80,00
375,00	281,30	187,50	112,50	487,50	562,50	**6000**	175,00	87,50
430,00	322,50	215,00	129,00	559,00	645,00	**7000**	190,00	95,00
485,00	363,80	242,50	145,50	630,50	727,50	**8000**	205,00	102,50
540,00	405,00	270,00	162,00	702,00	810,00	**9000**	220,00	110,00
595,00	446,30	297,50	178,50	773,50	892,50	**10000**	235,00	117,50
665,00	498,80	332,50	199,50	864,50	997,50	**12000**	265,00	132,50
735,00	551,30	367,50	220,50	955,50	1102,50	**14000**	295,00	147,50
805,00	603,80	402,50	241,50	1046,50	1207,50	**16000**	325,00	162,50
875,00	656,30	437,50	262,50	1137,50	1312,50	**18000**	355,00	177,50
945,00	708,80	472,50	283,50	1228,50	1417,50	**20000**	385,00	192,50
1025,00	768,80	512,5o	307,50	1332,50	1537,50	**25000**	430,00	215,00
1105,00	828,80	552,50	331,50	1436,50	1657,50	**30000**	475,00	237,50
1185,00	888,80	592,50	355,50	1540,50	1777,50	**35000**	520,00	260,00

Rechtsanwaltsgebühren						Wert	Gerichtskosten	
10/10	7,5/10	5/10	3/10	13/10	15/10	bis DM	1,0	0,5
1265,00	948,80	632,50	379,50	1644,50	1897,50	**40000**	565,00	282,50
1345,00	1008,80	672,50	403,50	1748,50	2017,50	**45000**	610,00	305,00
1425,00	1068,80	712,50	427,50	1852,50	2137,50	**50000**	655,00	327,50
1565,00	1173,80	782,50	469,50	2034,50	2347,50	**60000**	715,00	357,50
1705,00	1278,80	852,50	511,50	2216,50	2557,50	**70000**	775,00	387,50
1845,00	1383,80	922,50	553,50	2398,50	2767,50	**80000**	835,00	417,50
1985,00	1488,80	992,50	595,50	2580,50	2977,50	**90000**	895,00	447,50
2125,00	1593,80	1062,50	637,50	2762,50	3187,50	**100000**	955,00	477,50
2285,00	1713,80	1142,50	685,50	2970,50	3427,50	**130000**	1155,00	577,00
2445,00	1833,80	1222,50	733,50	3178,50	3667,50	**160000**	1355,00	677,50
2605,00	1953,80	1302,50	781,50	3386,50	3907,50	**190000**	1555,00	777,50
2765,00	2073,80	1382,50	829,50	3594,50	4147,40	**220000**	1755,00	877,50
225,00	2193,80	1462,50	877,50	3802,50	4387,50	**250000**	1955,00	977,50
3085,00	2313,80	1542,50	925,50	4010,50	4627,50	**280000**	2155,00	1077,50
3245,00	2433,80	1622,50	973,50	4218,50	4867,50	**310000**	2355,00	1177,50
3405,00	2553,80	1702,50	1021,50	4426,50	5107,50	**340000**	2555,00	1277,50
3565,00	2673,80	1782,50	1069,50	4634,50	5347,50	**370000**	2755,00	1377,50
3725,00	2793,80	1862,50	1117,50	4842,50	5587,50	**400000**	2955,00	1477,50
3975,00	2981,30	1987,50	1192,50	5167,50	5962,50	**460000**	3250,00	1625,00
4225,00	3168,80	2112,50	1267,50	5492,50	6337,50	**520000**	3545,00	1772,50
4475,00	3356,30	2237,50	1342,50	5817,50	6712,50	**580000**	3840,00	1920,00
4725,00	3543,80	2362,50	1417,50	6142,50	7087,50	**640000**	4135,00	2067,50
4975,00	3731,30	2487,50	1492,50	6467,50	7462,50	**700000**	4430,00	2215,00
5225,00	3918,80	2612,50	1567,50	6792,50	7837,50	**760000**	4725,00	2362,50
5475,00	4106,30	2737,50	1642,50	7117,50	8212,50	**820000**	5020,00	2510,00
5725,00	4293,80	2862,80	1717,50	7442,50	8587,50	**880000**	5315,00	2657,50
5975,00	4481,30	2987,50	1792,50	7767,50	8962,50	**940000**	5610,00	2805,00
6225,00	4668,80	3112,50	1867,50	8092,50	9337,50	**1000000**	5905,00	2952,50

Will der Anwalt von den Gebührensätzen der Bundesrechtsanwaltsgebührenordnung abweichen, so muß er eine schriftliche Honorarvereinbarung mit Ihnen abschließen. Hierbei sind allerdings die Gebührensätze dieser Verordnung die Mindestgebühren.

Beispiele (in DM) Scheidungskosten für

Streitwert	A	B	C
– Ehesache	13 200	8 000	34 800
– elterliche Sorge	1 500		1 500
– Versorgungsausgleich	7 000	1 000	4 560
– Zugewinnausgleich			450 000
– Hausrat			20 000
– Gesamt:	21 700	9 000	510 860
Gerichtskosten[1]: bei Gericht entstehen 3 Gebühren in Höhe von insgesamt	1 320	660	10 635
Anwaltsgebühren: je Anwalt entstehen 3 Gebühren in Höhe von ca. insgesamt inkl. Mwst.	3 250	1 850	14 650

[1] Die Gerichtskosten haben die Eheleute in der Regel zu je $^1/_2$ zu tragen.

Da vor dem Familiengericht Anwaltszwang herrscht, können Sie selbst dort Anträge nur stellen, wenn auch Sie anwaltlich vertreten sind. Dies bedeutet im Ergebnis, daß bei zwei Anwälten Gebühren entstehen. Nur wenn Sie sich außergerichtlich geeinigt haben und die entsprechende Einigung in einem notariellen Vertrag festgehalten ist oder aber wenn in einfach gelagerten Fällen die Scheidung der Ehe ganz im Vordergrund steht und die Folgesachen ohne nennenswerte wirtschaftliche Bedeutung sind, kann erwogen werden, die Ehescheidung mit nur einem Anwalt durchzuführen. In diesem Fall ist allerdings nur einer der Ehegatten durch „seinen" Anwalt vertreten, während der andere Ehegatte ohne anwaltliche Vertretung ist. Einen „gemeinsamen" Anwalt im Scheidungsverfahren gibt es nämlich nach deutschem Zivilprozeßrecht nicht.

Wer die Gebühren des Scheidungsverfahrens nicht bezahlen kann, hat Anspruch auf Prozeßkostenhilfe. Die Anträge dazu können über den Anwalt oder unmittelbar beim Familiengericht gestellt werden.

Das Familiengericht darf sich nicht lediglich auf eine Scheidung Ihrer Ehe beschränken. Vielmehr muß es sich im Rahmen des sogenannten Scheidungsverbundes auch mit der elterlichen Sorge befassen, sofern Sie minderjährige Kinder haben, sowie mit dem Umgangsrecht, sofern dies regelungsbedürftig ist. Auch der Versorgungsausgleich ist von Amts wegen zu regeln. Ensprechend fallen also nicht nur für die Ehescheidung, sondern auch für die genannten Folgesachen Kosten an. Mit den anderen Folgesachen befaßt sich das Gericht hingegen nur, wenn ein Antrag dazu gestellt wird. Haben Sie sich also schon selbst darüber geeinigt, müssen Sie für den Kindesunterhalt, den Ehegattenunterhalt, den Hausrat, die Zuteilung der Ehewohnung und den Zugewinnausgleich keine Gerichtskosten bezahlen. Ihre Kosten bleiben also deutlich niedriger, wenn Sie sich über so viele Punkte wie möglich selbst einigen. Entsprechendes gilt auch für die Anwaltskosten. Soweit sich Ihr Anwalt mit den eben genannten Dingen nicht befassen muß, ist der Streitwert und damit die Anwaltsgebühr niedriger. Sofern er – ausnahmsweise – mit Ihnen ein Zeithonorar ausgemacht hat, spart er Zeit und Sie damit Geld.

Entschließen Sie sich, die Folgesachen mit Hilfe eines Mediators zu regeln, bezahlen Sie für die Scheidung bedeutend weniger. Die Mediation wird nach dem Stundenhonorar abgerechnet. Meistens wird eine Konvention in etwa zehn Sitzungen zu jeweils 80 bis 200 DM[5] erarbeitet.

Mediation hilft also nicht nur bei der emotionalen Bewältigung der Scheidung, sondern hat auch große finanzielle Vorteile. Sie können Geld sparen in einer Zeit, wo Sie es wahrscheinlich bitter nötig haben. Falls Sie doch noch „überflüssiges" Geld haben, fühlen Sie sich und Ihre Familie sicherlich besser, wenn Sie es für Ihre Kinder oder sich selbst ausgeben können, anstatt es in einen erbitterten Kampf fließen zu lassen.

Das Gerichtsverfahren

Nehmen wir nun an, Sie haben in der Mediation einen Vertrag ausgehandelt und ihn notariell beglaubigen lassen. Sie haben einen Anwalt genommen, der für Sie den Scheidungsantrag beim Gericht eingereicht hat. Da sich das Gericht mit dem Versorgungsausgleich und dem Sorgerecht befassen muß, müssen Sie noch folgende Hausaufgaben erledigen, bevor Sie geschieden werden können:

Hat das Gericht den Scheidungsantrag erhalten, sendet es Ihnen Fragebögen zu den Versorgungs- und Rentenansprüchen zu. Nachdem Ihr Ehepartner die Gelegenheit erhalten hat, diese durchzusehen und zu korrigieren, werden sie an die Versicherungsträger weitergeleitet. Die Rentenversicherungsträger ermitteln aufgrund Ihrer Angaben die während der Ehezeit von jedem Ehegatten erworbenen Rentenanwartschaften und erteilen dem Familiengericht hierüber Auskunft. Der Familienrichter vergleicht dann diese Auskünfte und stellt fest, ob ein Ehegatte während der Ehe mehr Versorgungsanwartschaften erworben hat als der andere. In der Regel wird vom Richter verfügt, daß die Hälfte der Differenz vom Rentenkonto des einen auf dasjenige des anderen umgebucht wird.

Um sich über das Sorge- und Umgangsrecht ein Urteil bilden zu können, stützt sich der Richter auf ein Gutachten des Jugendamtes. Das Jugendamt lädt die Eltern und Kinder zu einem Gespräch ein und schreibt dem Gericht eine Sorgerechtsempfehlung mit seiner Stellungnahme zu der Eltern-Kind-Bindung, den erzieherischen Fähigkeiten und der wirtschaftlichen Situation der Eltern. Sind die Kinder über 14 Jahre alt, muß sie der Richter zusätzlich von Gesetzes wegen anhören. Bei jüngeren Kindern muß er abwägen, ob die aus dem Gespräch gewonnenen Informationen Anlaß bieten, das Kind noch einmal mit einem Gespräch zu belasten. Nur selten kommt es vor, daß Richter Hausbesuche machen oder das Kind sogar in der Schule oder im Kindergarten besuchen.

Ist dies alles erledigt, setzt das Gericht einen Scheidungstermin fest. Nur Sie und Ihr Anwalt sind dazu zugelassen: Das Verfahren ist nicht öffentlich. Der Richter befragt Sie zu Ihren Personalien, ob Sie sich wirklich scheiden lassen wollen und ob Sie wirklich ein Jahr getrennt gelebt haben. Soweit sie Verfahrungsgegenstand sind, befaßt sich der Richter auch mit dem Sorge- und Umgangsrecht und bespricht den Versorgungsausgleich. Häufig wird dann vom Richter ein sogenannter „Termin zur Verkündung einer Entscheidung" bestimmt. Zu diesem Termin müssen weder Sie noch Ihr Anwalt hingehen; vielmehr muß bis dahin die schriftliche Entscheidung des Richters vorliegen, die Ihnen dann zugestellt wird. Ebenso ist es denkbar, daß der Richter im Anschluß an die Verhandlung über den Scheidungsantrag und die Folgesachen die Öffentlichkeit wieder herstellt und unmittelbar das Scheidungsurteil verkündet. Auch in diesem Fall wird das Scheidungsurteil zugestellt und dann, sofern kein Rechtsmittel eingelegt wird, einen Monat nach Zustellung rechtskräftig.

Der Richter kann sich nicht in Ihren Vertrag über Unterhalt, Zugewinn, Hausrat und Ehewohnung einmischen: Das ist Ihre Privatsache. Demgegenüber trifft der Richter eine etwaige Entscheidung über das Sorgerecht und das Umgangsrecht unter Berücksichtigung des Kindeswohls, so daß etwaige Vereinbarungen, die Sie mit Ihrem Ehepartner getroffen haben, ihn nicht zwingend binden. In der Regel wird er sich allerdings an einen gemeinsamen Vorschlag der Eltern halten, wenn dieser nicht für das Kind nachteilig ist. Sofern Sie mit Ihrem Ehepartner eine vertragliche Regelung des Versorgungsausgleichs getroffen haben, so bedarf diese Regelung der Genehmigung des Familiengerichts. Der Gesetzgeber wollte dadurch verhindern, daß einen Ehegatten einseitig benachteiligende Verträge geschlossen werden. Falls Sie mit der Entscheidung nicht einverstanden sind, können Sie innerhalb eines Monats Rechtsmittel beim Oberlandesgericht einlegen.

Weiterführende Literatur

Fisher, R., Ury, W. Patton, B. (1993): Das Harvard-Konzept. Sachgerecht verhandeln – erfolgreich verhandeln. Frankfurt/Main: Campus Verlag.

Märtin, Doris (1995): Die sanfte Scheidung. Mediation. Der neue Wege, sich ohne Verlierer einvernehmlich zu trennen. München: Heyne Verlag.

Scarpetti-Lohr, Ilse (1995): Scarpettis Scheidungsratgeber. München: Quintessenz.

Strecker, Christoph (1994): Versöhnliche Scheidung. Familienrecht für Nichtjuristen. Berlin: Quadriga Verlag.

Münch, Eva Marie von (1996): Die Scheidung nach neuem Recht. Alles über den Scheidungsverbund: Voraussetzungen, Verfahren, Folgen. München: Beck Verlag.

4. Wie kann die Mediation mir selbst und unserer Beziehung helfen?

Scheidung ist mit starken Emotionen verbunden. Schon beim Erwägen der Scheidung wünschen sich viele Menschen, daß der Partner sterben würde, weil es ihnen als die einfachere Lösung erscheint. Wenn der andere einem noch zusätzlich Schaden zufügt und man sich ohnmächtig fühlt, dann kann der Haß und die Wut, neben der Trauer, kaum auszuhalten sein.

Eine 30jährige Frau erzählt: „Die Beziehung war schon lange nicht mehr gut: ich wußte, daß die Trennung kommen mußte. Aber als es soweit war, war ich nicht auf die Emotionen vorbereitet. Während der ersten Woche schlief ich in denselben Kleidern, oder besser gesagt, lag ich wach. Dann konnte ich wieder halbwegs arbeiten, aber lief für die nächsten sechs Wochen mit gewaltigen Schmerzen umher. Immer wieder kamen Erinnerungen an meinen Mann hoch, begleitet von dem Wissen, daß es aus war. Danach ging es wieder ein wenig besser, aber ich erinnere mich, daß ich erst nach vier Jahren aus vollem Herzen sagen konnte: Es ist vorbei."

Die amerikanische Autorin Isolina Ricci berichtet in ihrem Buch „Mutters Haus, Vaters Haus"[1]: „Das Ende der Ehe und der anfängliche Prozeß der Umorganisation der Familie ist wie eine psychische Wunde, welche gereinigt und umsorgt sein muß, um Komplikationen zu vermeiden. Das Heilen dieser Wunde geschieht in Phasen. Zuerst kommt das Reinigen der Wunde – das Loslassen der Emotionen und Erfahrungen der vergangenen Beziehung –, was schmerzt, aber getan werden muß. Spätere Stadien sind wichtig für neues Wachstum, und ein neuer Schlag kann die Wunde wieder öffnen und weiteren Schaden verursachen. Der gesamte Heilungsprozess kann schnell oder langsam sein, mit wenigen oder mehreren Rückfällen. Wie lange es dauert, hängt davon ab, wie gut Sie auf sich aufpassen."

Was können Sie tun, wenn Sie kaum mehr schlafen können, nur noch mit verquollenen Augen herumlaufen und der Schmerz in der Brust kaum auszuhalten ist?

Tränen können hilfreich sein, aber wenn Sie um zwei Uhr morgens immer noch in Ihr nasses Kopfkissen schreien und wissen, daß Sie am nächsten Tag wichtige Verpflichtungen haben, kann es sinnvoll sein, sich energisch ein Stoppzeichen zu geben und die Gedanken auf etwas anderes, zum Beispiel etwas Erfreuliches, zu richten. Das ist zu Beginn nicht einfach, aber mit Übung erfährt man, daß diese Technik einem das ganze Leben leichter macht. Sie werden vielleicht glauben, daß Sie momentan nichts Erbauliches im Leben haben. Wenn Sie aber nach Erfreulichem suchen, werden Sie auch etwas finden; und seien es kleine Freuden wie ein farbiges Blatt oder ein Lächeln.

Für manche Leute ist die Zeit der Scheidung eine Phase, in der sie Freundschaften schließen, die für das ganze Leben halten. Nehmen Sie an Gruppen für Geschiedene und Alleinerziehende teil, besuchen Sie einen Verein, der Ihren Interessen entspricht. Sprechen Sie sich bei Freunden aus. Die Forschung zeigt, daß diejenigen Leute, die sich bei Freunden aussprechen und eine optimistische Haltung haben, Krisen besser und schneller durchstehen[2]. Wenn das Gespräch mit Freunden aber Ihre Trauer erhöht, die Situation verschlimmert oder den Konflikt mit Ihrem Partner schürt, suchen Sie sich anderswo Rat! Unternehmen Sie etwas für sich. Lesen Sie ein Buch, das Ihnen gefällt, üben Sie eine Sportart aus und achten Sie auf Ihre Gesundheit. Sich zu überessen oder zu betrinken schadet Ihnen am meisten. Seien Sie besonders vorsichtig im Straßenverkehr: Die Unfallgefahr ist in Krisenzeiten größer! Scheidung ist ein großer Streß und braucht viel Energie. Erwarten Sie nicht zuviel von sich, und gönnen Sie sich etwas, das Sie sich schon lange wünschten. Wenn Sie denken, daß Sie keine

Zeit dafür haben, delegieren Sie altersentsprechende Arbeiten an Ihre Kinder. Vielleicht können Sie dadurch, daß Sie Ihren Sohn zur Kooperation erziehen, ihm einmal eine Scheidung ersparen. Denn eine Untersuchung zeigt, daß Frauen, deren Ehemann an Arbeiten im Haushalt teilnimmt, zufriedener und glücklicher sind[2]. Lassen Sie die weniger wichtigen Hausarbeiten einmal beiseite. Erinnern Sie sich daran, wie Sie in der Geburtsvorbereitungsklasse gelernt haben, daß nicht immer alles auf Hochglanz sein muß.

Falls Sie finanzielle Probleme haben, schauen Sie sich um, welche Möglichkeiten zur Unterhaltung gratis sind oder nur wenig kosten. Kirchen, die Caritas, die Arbeiterwohlfahrt (AWO), das Jugendamt und der Paritätische Wohlfahrtsverband bieten ein breites Angebot. Die entsprechenden Adressen finden Sie im Telefonbuch. (Vgl. auch Adressen im Kapitel 2.) Scheuen Sie sich auch nicht, sich beim Jugendamt, Arbeits- oder Sozialamt zu erkundigen, ob Ihnen öffentliche Unterstützungsgelder zustehen.

Suchen Sie die Vorteile des Single-Lebens, wie sie Helga Felbinger in ihrem lesenswerten Buch „Nimm dir Zeit, nicht gleich den Nächsten"[3] aufgelistet hat:

- „Als Single lebt man aktiver, geht bewußter auf andere Menschen zu und schafft sich einen großen Freundeskreis.
- In seinen Entscheidungen ist man freier, weil es niemanden gibt, der einem dazwischenredet und dem gegenüber man Rechenschaft ablegen muß.
- Auf zermürbende Streitigkeiten und Auseinandersetzungen muß man sich nicht mehr einlassen.
- Kommt eine neue Beziehung zustande, bleibt sie – zumindest eine Zeitlang – von lästigen Alltagsproblemen verschont, die Abnutzungserscheinungen halten sich in Grenzen.
- Weder um den Erziehungsstil noch um das liebe Geld gibt es lange Diskussionen.
- Man hat mehr Zeit für seine Freunde und Freundinnen, für seine Kinder und vor allem für sich selbst.

- Man lernt es, die eigene Person wichtig zu nehmen, und erwirbt die Fähigkeit, liebevoll mit sich selbst umzugehen.
- Man hat die Chance, sich weiterzuentwickeln und neue Wege zu beschreiten.
- Man geht auf andere Menschen und vor allem auf einen möglichen neuen Partner mit weit weniger Illusionen und unrealistischen Erwartungen zu als früher.
- Man bemüht sich, aus den gemachten Fehlern zu lernen."

Wenn Sie sich auf diese „Sonnenseiten" konzentrieren, werden Sie sie finden, vielleicht nicht sofort, aber nach und nach. Beobachten Sie, was hilft und was nicht hilft. Vermeiden Sie das, was Schmerzen bereitet, und tun Sie das, was Sie zufriedener macht.

Da das Ziel in der Mediation das Erreichen einer Übereinkunft ist, wird nicht direkt mit den Emotionen gearbeitet. Oft sind es aber gerade die Gefühle, die der Vereinbarung im Wege stehen. Der Mediator kennt aber Mittel und Wege, mit diesen Emotionen umzugehen, so daß Sie der Übereinkunft wieder einen Schritt näher kommen. Und indem Sie Ihren eigenen Vertrag erreichen, erlangen Sie mehr Selbstbewußtsein, was Sie wiederum glücklicher stimmt.

Was können Sie tun, wenn die akute Krise vorbei ist und es Ihnen immer noch miserabel geht? Was tun, wenn Sie kaum aufstehen können, die Arbeit vernachlässigen und sich nicht selbst anschauen können, wenn Sie ernsthaft an Selbstmord denken oder Sie der Gedanke verfolgt, den Expartner umzubringen? Dann ist es Zeit, professionelle Hilfe in Anspruch zu nehmen und einen Therapeuten aufzusuchen.

Lesen Sie im Kapitel 2, wie Sie einen Therapeuten finden können und worauf Sie dabei achten sollten.

Soll ich mit dem Expartner reden?

Wenn Sie zu den am Anfang erwähnten „perfekten Kumpeln" gehören, stellt sich diese Frage für Sie nicht. Sie besprechen auch nach der Scheidung Probleme zusammen und erzählen sich Ihre Gefühle. Auch für die „kooperativen Kollegen" ist es klar, daß sie weiterhin im Gespräch bleiben. Stoßen sie dabei auf Schwierigkeiten, finden sie Wege, damit umzugehen. Folgendes zeigt sich als hilfreich:

- Treffen Sie sich an einem neutralen Ort, zum Beispiel in einem Restaurant.
- Beide haben ein Stoppzeichen, das Ihnen mitteilt, daß Sie zur Zeit nicht mehr weiter diskutieren können und wollen. Beispielsweise gerieten Alfred und Esther vom Diskutieren des Betreuungsplanes ab und begannen ihre alten Konfliktpunkte durchzugehen. Sie wissen aus Erfahrung, daß dieses Kommunikationsmuster zu nichts führt und daß beide wütend und hoffnungslos zu werden drohen. Esther warf Alfred vor, daß er kaum etwas mit den Kindern unternehme, und Alfred begann zu kritisieren, daß sie alles immer besser wisse und nur ihre Erziehungsmethoden gelten. Esther hatte genug und sendete ihr Stoppzeichen: „Bitte laß uns für heute aufhören." Sie beendeten das Gespräch und trafen sich an einem anderen Tag wieder.
- Vermeiden Sie, den Satz mit „Du" zu beginnen. Sprechen Sie in „Ich-Botschaften": „Ich bin frustriert, wenn ich nicht zu Ende sprechen kann. Bitte laß mich daher ausreden."
- Vermeiden Sie Verallgemeinerungen, z. B. „Du hast immer den Boß spielen wollen." oder „Du hast dich nie um die Kinder gekümmert."
- Zielen Sie nicht auf die wunden Punkte des anderen. Beispielsweise bezeichnete Ernst den lebhaften zweijährigen Karl als „Problemkind". Susan verkniff es sich, zu antworten: „Er ist halt noch nicht gehirntot, so wie du es mit deinem Sohn aus erster Ehe geschafft hast, der zu nichts anderem mehr fähig ist als fernzuschauen, damit du deine Ruhe hast."
- Sie behandeln sich als Geschäftspartner: Sie besprechen die Diskussionspunkte, mischen sich aber nicht in das Privatleben des anderen ein. Sie benehmen sich höflich und korrekt

und sind konkret. Beispielsweise schreiben Sie nicht auf: „Die Kinder sind vom Freitag bis zum Montag beim Vater.", sondern: „Der Vater holt die Kinder an jedem zweiten Freitag um 15 Uhr von der Schule ab. Er bringt sie am darauffolgenden Montagmorgen um 8 Uhr wieder zur Schule. Diese Abmachung soll am 24. November 1995 beginnen."

- Und vor allem: Hören Sie sich gut zu! Oftmals bereitet man innerlich schon das Gegenargument vor, während der andere noch spricht, und verpaßt dabei eine wichtige Nachricht. Versuchen Sie, den Partner zu verstehen, sich in seine Lage zu versetzen, und teilen Sie ihm mit, was Sie verstanden haben. Beispielsweise können Sie antworten: „Soweit ich es verstehe, möchtest du die Wohnung behalten, damit die Kinder nicht noch einen Wechsel, nämlich den Umzug, verkraften müssen, ist das richtig?"

Bei besonders heiklen Verhandlungspunkten ist für die „kooperativen Kollegen" die Mediation geeignet, damit eine dritte neutrale Person sie sicher ans andere Ufer des stürmischen Sees begleiten kann.

Bei „wütenden Bekannten" kann es geschehen, daß sie das Gespräch aufgeben, da es sie zornig macht. Wenn sie beginnen, nur noch durch ihre Anwälte zu kommunizieren, kann das folgendermaßen aussehen: „Partei A ruft seinen Anwalt an und übermittelt seine Nachricht für Partei B. Der Anwalt rundet jedes Telefongespräch auf die nächsten 15 Minuten auf und stellt die Kosten in Rechnung. Er ruft den Anwalt der Partei B an. Dieser Anwalt telefoniert bei Gelegenheit mit seiner Partei. Mandant B denkt über den Vorschlag nach und ruft schließlich seinen Anwalt zurück, damit dieser die Gegenpartei informiert. Wenn Partei A einen Gegenvorschlag hat, fängt dasselbe Spiel von vorne an. Das kann Wochen oder sogar Monate dauern. Es ist offensichtlich, daß ein solches Verfahren aufwendig und teuer ist.

Für die „wütenden Bekannten" kann es also besonders hilfreich sein, wenn eine dritte neutrale Person sie durch ihre Kommunikation begleitet und auf fruchtbare und konstruktive Ebenen führt. Sie erhalten Selbstbewußtsein und Vertrauen, und die Chance ist groß, daß sie sich auf diesem Weg zu „kooperativen Kollegen" entwickeln.

Was aber tun, wenn Sie zu den „erbitterten Feinden" gehören und nicht im Traum daran denken, mit Ihrem „Erzfeind" persönlich zu sprechen? In diesem Fall kann Ihnen die Scheidungsforschung Hoffnung geben: Die meisten „erbitterten Feinde" finden, daß es ihnen und den Kindern helfen würde, wenn sie miteinander reden könnten[4]. Bei der in den USA obligatorischen Sorgerechtsmediation, zu der größtenteils die „erbitterten Feinde" antreten müssen, erreichen 70 Prozent eine Vereinbarung in der ersten Sitzung!

Zugleich können Sie sich vor Augen halten, daß man immer zwei zum Streiten braucht, auch wenn es nur der andere ist, der „völlig daneben" liegt. Wenn Sie die oben erwähnten hilfreichen Kommunikationsstrategien verwenden, kann der andere nicht mehr viel entgegnen. Es kann sein, daß er eine Zeitlang noch provozierender wird, aber schließlich muß er einsehen, daß Sie ein eigenes Leben führen und sich nicht mehr auf seinem Niveau mit ihm unterhalten.

Mein Exmann schlägt mich

Dieser Titel ist nicht geschlechtsneutral formuliert, da es hauptsächlich Frauen sind, die mißhandelt werden, während von allen gemeldeten Gewalttätigkeiten in der Ehe „nur" 5 Prozent der Männer von ihren Frauen geschlagen werden. Statistiken zeigen, daß Gewalt zwischen den Eheleuten in 20 bis 50 Prozent aller Ehen vorkommt und sich während der Trennung und Scheidung leider noch häuft[5].

Falls Sie sich in dieser Situation befinden, ist Schutz Ihr vorrangiges Ziel. Wenn Sie bei Verwandten oder Freunden in Sicherheit sind, ist es sicherlich eine gute Idee, dort zu wohnen, bis Sie wieder auf eigenen Füßen stehen können. Wenn Sie dort jedoch vor Ihrem Mann nicht sicher sind, suchen Sie das nächste Frauenhaus auf. Sie finden im Telefonbuch oder bei der Auskunft die Telefonnummer und können sich dann erkundigen, wo sich das Frauenhaus befindet. Die meisten Frauenhäuser haben sieben Tage und 24 Stunden lang Rufbereitschaft[6]. Sie sollten sowohl eine Identitätskarte, wie Ihren Paß oder Ihre Lohnsteuerkarte, als auch Kleidung und Artikel zu Ihrem persönlichen Gebrauch mitnehmen. Frauenhäuser nehmen auch Kinder auf: Sie müssen sich also nicht um deren Unterbringung sorgen. Sie können sechs bis acht Monate lang im Frauenhaus bleiben und nachher in eine Übergangswohnung ziehen, bis Sie eine eigene Wohnung finden. Das Sozialamt bezahlt für Ihren Aufenthalt im Frauenhaus. Sie erhalten Auskunft, wie Sie eine Einstweilige Verfügung bekommen können, ein Gerichtsdokument, das Ihrem Mann verbietet, in Ihre Nähe und die der Kinder zu gelangen. Sie können es selbst am Gericht erlangen oder Ihr Anwalt kümmert sich darum.

Was können Sie tun, wenn Sie immer noch mit dem Partner Kontakt halten müssen, sei es, weil Sie gemeinsame Kinder haben, sei es, weil Sie noch eine Konvention aushandeln müssen?

Experten glauben, daß das Kind in dieser Situation keinen Kontakt zum Vater haben sollte[7]. Sie sind der Meinung, daß das Kind Angst vor ihm hat, besonders, wenn es die Gewalt miterlebt hat. Dies sollte für jede einzelne Familie individuell überprüft werden. Es gibt Kinder, die ihren Vater immer noch lieben, auch wenn sie mitansehen mußten, wie der Vater die Mutter verletzt hat. Und es gibt Frauen, die ihren Mann trotz seiner Gewalttätigkeit ihnen gegenüber als guten Vater für die Kinder ansehen. Wenn das Kind Kontakt mit dem Vater hat, dann ist es wichtig, daß die Übergabe sicher für die Mutter und angenehm für das Kind verläuft. Gewalt muß auf jeden Fall vermieden werden. Untersuchungen zeigen, daß die Gewalt zwischen den Eltern die Kinder traumatisieren kann und zu vielen Symptomen wie Schlafstörungen, Alpträumen, Einnässen, Aggressivität, Depression, Angst und zu psychosomatischen Störungen führen kann[8]. Folgendes kann für die Übergabe überlegt werden:

- Die Eltern treffen sich an einem öffentlichen Ort, z. B. in einem Restaurant.
- Die Mutter bringt das Kind zum Haus eines Verwandten oder Freundes, und der Vater holt es dort später ab.
- Eine von beiden akzeptierte Person fährt das Kind von einem Elternteil zum anderen.

Diese Sicherheitsmaßnahmen können in der Mediation besprochen werden. Indem die Frau ihre Anliegen in der Mediation vorbringt, zu einer freiwilligen Übereinkunft mit dem Expartner kommt und lernt, sich in Konfliktsituationen zu behaupten, kann sie Selbstvertrauen gewinnen. Damit die Mediation selbst sicher ist, kann Folgendes getan werden:

- Jede Frau sollte vertraulich gefragt werden, ob Gewalt vorgekommen ist, ob sie Gewalt befürchtet und ob sie mit dem Mann nicht ebenbürtig kommunizieren kann. Wenn die Antwort dazu „ja" ist, sollten folgende Sicherheitsvorkehrungen getroffen werden:
- Der Mediator sollte sich mindestens einmal individuell mit der Frau treffen, um über ihre Gefühle zur Mediation und zur Vereinbarung vertraulich reden zu können.
- Die Frau sollte Einzelgespräche erhalten, bis sie sich fähig fühlt, mit dem Mann direkt zu verhandeln.
- Die Frau kann von einer Helferin zur Mediationssitzung begleitet werden.
- Vereinbarungen sollen getroffen werden, die Kontakte vor und nach der Mediation ausschließen.
- Die Frau hat das Recht, ihre Adresse geheimzuhalten.
- Die Mediation sollte abgebrochen werden, wenn der Mann die Sicherheitsvorschriften, die gemeinsam erarbeitet oder vom Gericht auferlegt wurden, nicht einhält.
- Die Mediation sollte beendet werden, wenn der Mann sich weigert, Waffen, vor deren Gebrauch die Frau sich fürchtet, abzugeben.
- Die Mediation sollte abgebrochen werden, wenn der Mann

weiterhin Einschüchterungs- und Kontrollversuche macht, nachdem offen darüber geredet wurde.

- Die Mediation sollte beendet werden, wenn der Mann unter dem Einfluß von Drogen oder Alkohol steht.

Denken Sie daran: Die Mediation soll ein für alle positiver, bestärkender und sicherer Prozeß sein!

Weiterführende Literatur

Engl, Joachim, Thurmaier, Franz (1995): Wie redest du mit mir? Fehler und Möglichkeiten in der Paarkommunikation. Freiburg: Herder.

Felbinger, Helga (1994): Nimm dir Zeit, nicht gleich den Nächsten. Ratgeber für Geschiedene. München: Piper.

Koch, Klaus, Schwertfeger, Bärbel (1986): Zu zweit am Ende. Phasen einer Trennung. München: Heyne.

Weber, Ingeborg (1994): Die faire Trennung. Freundin Ratgeber. Niedernhausen: Falken.

5. Scheidungsmediation mit Kindern

Haben Sie Kinder, so sind diese wahrscheinlich der Grund, warum Sie sich monatelang oder sogar jahrelang mit dem Entschluß zur Scheidung herumgequält haben. Und nun, da Sie sich dazu durchgerungen haben, machen Sie sich vielleicht Gewissensbisse, daß Sie als Eltern versagt haben und Ihre Kinder nun einen Schaden für das Leben davontragen. Wie wir gesehen haben, ist diese Meinung leider noch vorherrschend in unserer Gesellschaft, obwohl uns die Scheidungsforschung anderes lehrt.

Neuere Forschung geht davon aus, daß Kinder mit verheirateten Eltern, die große Konflikte haben, unter größerem Streß stehen als viele Scheidungskinder[1]. Falls die Scheidung einen Ausweg aus den Streitereien bedeutet, geht es den Kindern nach der Scheidung besser. Eine Untersuchung zeigt, daß sich viele Probleme der Kinder nach der Scheidung auch schon vor der Trennung gezeigt haben. In früheren Forschungen gab man der Scheidung die Schuld an den Problemen der Kinder, weil man nicht untersucht hatte, wie es den Kindern vor der Scheidung ergangen war. Es ist aber der Streit zwischen den Eltern, der den Kindern schadet, und nicht die Scheidung selbst.

In der Mediation lernen die Eltern Kommunikations- und Konfliktlösungsstrategien. Sie tragen weiterhin die Verantwortung für ihre Familie und vergeuden nicht ihre finanziellen Mittel: Die Eltern wissen, daß sie das Beste für ihre Kinder in der gegebenen Situation tun. Eine solche Scheidung gibt der ganzen Familie die Chance, diese Krise positiv in ihr Leben zu integrieren.

Manchmal wird das Kind direkt in den Mediationsprozeß

einbezogen. Indem der Mediator den Eltern die Sichtweise und Gefühle des Kindes mitteilt, kann ein ins Stocken geratener Mediationsprozeß zu einer Übereinkunft gebracht werden.

Das Kind kann sich bei einer neutralen Person aussprechen und entscheiden, welche Informationen an die Eltern weitergeleitet werden sollen. Meistens erteilt das Kind die Erlaubnis, alles zu sagen, denn es möchte, daß die Eltern wissen, wie es sich fühlt. Die Eltern sind dann oft gerührt: Sie hören beispielsweise, was das Kind gerne mit jedem einzelnen Elternteil unternimmt. Das zeigt ihnen, wie sehr das Kind beide Elternteile liebt und braucht. Sie erfahren, wie sehr das Kind unter ihren Streitereien leidet und welche Hilfsmittel es gefunden hat, um besser damit umgehen zu können. Ein zehnjähriger Junge beispielsweise erzählte, daß er nach draußen gehe, wenn die Streitereien losgingen. Falls dies nicht möglich sei, weil es zum Beispiel Nacht ist, verschließe er sich mit beiden Händen die Ohren und versuche an seinen Traum, Astronaut zu werden, zu denken. Wenn die Eltern vor ihm schlecht übereinander reden, lasse er die Worte an sich vorbei rieseln, ohne sie zu hören. Meistens sind die Eltern schockiert, wenn sie erfahren, wieviel das Kind von ihren Streitereien mitbekommt, und sie besprechen daraufhin, wie sie mit ihren Konflikten besser umgehen können.

Kinder haben meistens eine Antwort auf die Frage, was die Eltern tun könnten, um ihre Situation zu erleichtern. Sie sagen dann häufig, daß sie beide Elternteile so oft wie möglich sehen wollen, und daß die Eltern zu streiten aufhören sollen.

Das Kind geht oft gestärkt aus einem solchen Gespräch heraus. Es wird angehört, ernstgenommen und erfährt Verständnis. Es lernt, daß es anderen Kindern auch so geht.

Wenn der Mediator den Eindruck hat, das Kind leidet unter der Scheidung und hat niemanden, um sich auszusprechen, dann kann er seine Einschätzung den Eltern mitteilen und mit ihnen Lösungsvorschläge diskutieren und ihnen eine Therapie oder eine Gruppe für Scheidungskinder vorschlagen.

Wenn das Kind ein Problem mit einem Elternteil hat, kann der Mediator eine Therapie vorschlagen. Ein 15jähriges Mädchen zum Beispiel erzählte, daß sich der Vater kaum Zeit für es nehme in den kurzen Phasen, die es bei ihm verbringe. Sie wolle daher sicherlich nicht mehr Zeit mit ihm zusammensein, weswegen schließlich der Vater die Mediation einberufen hatte. Daraufhin besuchten Vater und Tochter einige Therapiesitzungen, um ihre Beziehung zu verbessern.

Das Gespräch mit dem Kind darf nicht dazu verwendet werden, es zu befragen, bei welchem Elternteil es leben möchte. Normalerweise stürzt das Kind dadurch in einen Loyalitätskonflikt, statt dessen nickt es erleichtert, wenn der Mediator ihm sagt, daß es sich nicht dazu äußern muß. Scheidungsexperten nehmen an, daß ein Kind ab zwölf Jahren um seine Meinung gefragt werden kann. Die Zahl Zwölf ist aber kein magisches Alter, und in jeder Familie sollten das Für und Wider sorgfältig abgewogen werden.

Es gibt Teenager, die überzeugt sagen, daß sie zum Beispiel bei der Mutter leben wollen, da sie so ihren Freundeskreis aufrechterhalten können. Sie wünschen, daß der Vater das einsieht und jeder mit seinem Leben fortfährt. Doch auch in einer solchen Situation ist es generell besser, wenn letztlich die Eltern darüber entscheiden, wobei natürlich der Meinung des Kindes große Bedeutung zugemessen werden soll.

Der Mediator in Deutschland muß sich gründlich überlegen, ob das Gespräch mit dem Kind sinnvoll ist, da es ja vom Jugendamt und meistens noch vom Richter angehört wird (siehe Kapitel 3). Die Regelung, nach der das Kind so oft angehört wird, auch wenn sich die Eltern einig sind, kommt wahrscheinlich von der immer noch in der Gesellschaft weit verbreiteten Annahme, sich scheidende Eltern seien unfähig, weiterhin gemeinsam Entscheidungen zum Wohle des Kindes zu treffen. Diese Regelung schafft zwar Arbeitsplätze, aber Eltern in Scheidung werden gewissermaßen „entmündigt", weil der Staat in ihre Kindererziehung eingreift. Es bleibt zu hoffen, daß die neueren Forschungsresultate, nach denen auch geschiedene Eltern ihre Kinder kompetent erziehen können, bald in unserer Gesellschaft Fuß fassen werden. Die Mediation, die ebenfalls die Selbstbestimmung und die Kompetenz des Bürgers unterstreicht, kann sicherlich durch ihre Verbreitung einen wertvollen Beitrag in diese Richtung leisten.

In dieser Hinsicht ist ein Vergleich mit der Situation in den USA interessant: Dort will man ein Gespräch mit dem Kind nach Möglichkeit vermeiden, weil man es als eine Belastung für das Kind betrachtet. Besonders Richter versuchen mit allen Mitteln, das Kind nicht persönlich befragen zu müssen. Sie haben dafür nicht die entsprechende Ausbildung und auch kaum Zeit. Schleppt ein Elternteil das Kind vor Gericht, damit es dem Richter mitteilt, bei wem es leben will, wird dies als Minuspunkt bei der Sorgerechtszuteilung angesehen.

Sollen wir wegen der Kinder zusammenbleiben?

Es gibt einen Witz, in dem ein 95jähriges Ehepaar zum Richter geht, um sich scheiden zu lassen. Der Richter möchte wissen, warum sie sich jetzt noch scheiden lassen wollen. Das Paar antwortet, sie hätten sich der Kinder wegen nicht geschieden und gewartet, bis das letzte von ihnen gestorben sei.

Wenn Sie Kinder haben, ist der Entschluß, sich zu scheiden, noch schwieriger. Scheidung bedeutet eine der größten Lebenskrisen, die Eltern ihren Kindern nach Möglichkeit ersparen möchten. Sicherlich ist es sinnvoll, den Kindern zuliebe dem letzten Funken von Hoffnung nachzugehen und zu versuchen, die Ehe zu verbessern. Wenn dies nicht gelingt und die Eltern lieblos zueinander bleiben, unglücklich sind, sich streiten und die Ehe als Opfer für die Kinder auf sich nehmen, dann lernen die Kinder, sich in der schlechten Situation einzurichten, anstatt notwendige Änderungen zu unternehmen. Und wie gesehen, die Forschung zeigt, daß es die fortwährenden Konflikte der Eltern sind, die den Kindern zu schaffen machen[1], und nicht die Scheidung selbst. Kinder wünschen sich zufriedene Eltern und fühlen sich meistens schuldig, wenn die Eltern ihretwegen zusammenbleiben und unglücklich sind. Wenn es wirklich nur noch die Kinder sind, die Sie zusammenhalten, ist ein Ende mit Schrecken wohl besser als ein Schrecken ohne Ende.

Wie sollen wir es den Kindern sagen?

Ein elfjähriger Junge zeigt ein Buch, das seine Eltern für ihn geschrieben haben. Es beginnt mit Fotos von den Eltern, als sie sich kennengelernt haben. Es war eine glückliche Zeit. Zu diesem Glück trug die Geburt ihres Sohnes bei. Man sieht lachende Eltern mit einem zufriedenen Baby, Kleinkind und schließlich Schuljungen. Dann gibt es eine Zeichnung von einer Auseinandersetzung zwischen den Eltern. Schließlich folgt der Text, daß sich die Eltern scheiden lassen, daß der Junge aber nichts dafür kann und dies auch nicht ändern kann. Beide Eltern lieben ihr Kind über alles und bleiben weiterhin Eltern. Das Buch endet mit zwei Zeichnungen von je einem Haus, aus dem die Mutter und der Junge bzw. der Vater und der Junge zufrieden herausschauen. Für dieses Kind war dieses Buch eine Stütze während der Krise, es hat immer wieder darin gelesen. Der Junge schaut es sich auch heute noch, drei Jahre nach der Scheidung, ab und zu an.

Den Kindern die Nachricht der Scheidung zu übermitteln, ist wohl eine der schwierigsten Aufgaben im Leben. Eltern lassen sich das Gespräch immer wieder durch den Kopf gehen und üben die Worte ein[2].

● Es bewährt sich im allgemeinen, wenn die Eltern miteinander besprechen, was sie sagen, wie sie es mitteilen und wann sie es sagen wollen. Dies setzt natürlich voraus, daß die Eltern einigermaßen kooperieren können und der Auszug geplant ist. Eine Studie mit Kleinkindern zeigt, daß das Haus zu 80 Prozent von einem Elternteil – meistens dem Vater – unangekündigt verlassen wird. Eine solche Reaktion kann beim Kind einen Schock auslösen, und es glaubt, daß es jederzeit von jedermann verlassen werden kann. Es ist wichtig, dem Kind die Wahrheit zu sagen und nicht etwa die Ausrede „Papa ist auf Geschäftsreise". Die Tatsache der Scheidung wird einmal herauskommen, und das Kind braucht Sie als ehrlichen Elternteil, auf den es sich verlassen kann.

- Teilen Sie es dem Kind erst mit, wenn Sie sich definitiv zur Scheidung entschlossen haben. Wenn es sich um eine temporäre Trennung handelt, sollte das Kind dies wissen. Sagen Sie ihm aber, daß es nichts unternehmen kann, um Sie beide wieder zusammenzubringen.

- Unterrichten Sie das Kind über die Scheidung etwa ein bis zwei Wochen vor dem Auszug eines Elternteils. So hat es Zeit, sich mit beiden zu unterhalten und Fragen zu stellen. Wenn die Zeit zwischen dem Gespräch und dem Auszug länger ist, denkt das Kind vielleicht, daß die Scheidung gar nicht stattfindet und gibt sich Versöhnungsphantasien hin.

- Viele Kinder glauben, daß sie die Scheidung verursacht haben. Wiederholen Sie die Erklärung, daß die Kinder nicht an der Scheidung schuld sind und auch nichts unternehmen können und sollen, um die Eltern wieder zusammenzubringen. Dies ist besonders bei kleinen Kindern wichtig, die manchmal folgende Phantasie haben: „Wenn ich gehorcht hätte, wäre der Papa nicht weggegangen." oder: „Wenn ich nun immer brav bin, wird er wieder zurückkommen."

- Betonen Sie, daß die Scheidung zwischen den Eltern stattfindet, und daß beide Elternteile das Kind immer lieben werden. Die Liebe zu einem Kind ist anders als die Liebe zwischen Erwachsenen und dauert ein Leben lang. Versichern Sie dem Kind, daß es Kontakt mit beiden haben wird. Es ist vorteilhaft, wenn Sie schon einen Betreuungsplan für die nahe Zukunft entwickelt haben, so daß Sie dem Kind sagen können, wann es bei welchem Elternteil sein wird. Wenn dies ein Streitpunkt zwischen Ihnen ist, teilen Sie dem Kind mit, daß Sie beide noch daran arbeiten und es sich niemals für einen von Ihnen entscheiden muß, sondern Sie beide lieben kann.

- Verbergen Sie Ihre Emotionen nicht, brechen Sie aber auch nicht in einen Weinkrampf aus. Scheidung ist traurig, und wenn Sie sich heroisch geben, denkt das Kind vielleicht, daß es seine Gefühle nicht zeigen darf und hält sie vor Ihnen zurück.

- Erklären Sie die Scheidung so, daß das Kind es versteht. Vielleicht kann ein Spielkamerad, dessen Eltern geschieden sind, als Beispiel dazu dienen. Dadurch kann dem Kind auch gezeigt werden, daß eine Scheidung durchzustehen ist.

- Stellt das Kind unvorbereitete Fragen, sagen Sie ihm, daß Sie dies noch miteinander besprechen müssen. Geraten Sie nicht in einen Streit, und nehmen Sie den anderen Elternteil nicht in Schutz. Sagen Sie den wahren Scheidungsgrund in kindgerechten Worten, zum Beispiel: „Papa hat eine andere Frau lieber als die Mama und will mit ihr zusammenleben." oder „Mama liebt den Papa nicht mehr und möchte ohne ihn leben." Wenn Sie verschiedener Ansicht über den Scheidungsgrund sind, teilen Sie dies dem Kind mit: „Mama glaubt, daß der Papa zu viel Alkohol trinkt, der Papa findet das aber nicht. Wir wollen nicht mehr zusammenleben." Wenn Sie bestimmte Dinge den Kindern nicht sagen wollen, aber danach gefragt werden, erklären Sie ihnen, daß es Angelegenheiten gibt, die nur Erwachsene angehen und die Sie nicht besprechen möchten.

- Rufen Sie alle Geschwister zusammen, damit sie die Mitteilung gemeinsam erleben und nicht den Eindruck bekommen, ihnen werde etwas verheimlicht. Dadurch wird verhindert, daß ein Kind das andere über die Scheidung informiert. Die Kinder werden nachher bestimmt einzeln zu Ihnen kommen, und Sie können es dann mit jedem individuell besprechen.

- Versuchen Sie, das Gespräch nicht unmittelbar vor dem Zubettgehen zu führen. Die Kinder sollten Gelegenheit haben, Fragen an Sie zu stellen, um sich nicht nachts allein damit abzuquälen.

- Teilen Sie den Kindern mit, daß Sie beide für Fragen zur Verfügung stehen.
- Vielleicht erfahren Sie, daß das Kind Ihre Absicht, sich zu scheiden, schon geahnt hat. Das Kind scheint es leicht zu nehmen und froh zu sein, daß die Streitereien aufhören. Bleiben Sie aber sensibel für seine traurigen Gefühle, die vielleicht erst später aufkommen. Vielleicht will das Kind Sie beschützen und möchte tapfer sein. Sie können mit ihm bei Gelegenheit Bücher über Scheidung lesen, über Ihre eigenen Gefühle oder über die Scheidung eines Schulkameraden sprechen.
- Wenn das Kind mit starker Trauer oder Wut reagiert, zeigen Sie Verständnis für seine Gefühle, umarmen Sie es, falls es dies zuläßt, und teilen Sie ihm mit, daß Sie beide ihm beistehen und helfen möchten. Scheidung ist eine schwierige Zeit, doch das Leben geht weiter, und es wird wieder schöne Momente geben.
- Ermutigen Sie das Kind, mit anderen Personen, z.B. Lehrern oder Verwandten, zu sprechen.

Das Sorgerecht

Vielleicht überlegen Sie, wie in der Mediation über das Sorgerecht diskutiert werden soll: In 90 Prozent der Fälle bekommt es sowieso die Mutter, und das gemeinsame Sorgerecht ist nur für eine kleine Anzahl von Familien durchführbar. Doch ist es gerade die Mediation, die hilft, diese Vorurteile aufzulösen und einen für die Familie maßgeschneiderten Betreuungsplan zu kreieren. Dabei handelt es sich um eine neue Idee in unserer Gesellschaft.

Bis ins 19. Jahrhundert erhielt der Vater das Sorgerecht[3]. Bei den Römern konnte der Vater die Kinder sogar als Sklaven verkaufen. Im 17. und 18. Jahrhundert kam die Idee auf, daß Elternschaft nicht nur mit Rechten, sondern auch mit Pflichten und Verantwortung verbunden sei. Wenn der Vater sich unfähig zeigte, seine Kinder zu erziehen, übernahm der Staat die elterliche Verantwortung. Der Staat übergab dann manchmal der Mutter das Kind zur Pflege, bestimmte aber auch einen Vormund. Dies geschah selten, denn es wurde zu dieser Zeit nicht oft geschieden.

Erst in der Mitte des 19. Jahrhunderts gab es Vorläufer der Idee, daß die Mutter dem Kind mehr bieten könne als der Vater, und daß das Kind die Mutter mehr brauche. Die Gerichte begannen zu urteilen, daß es falsch sei, einen Säugling von der Brust der Mutter wegzunehmen, und das Sorgerecht wurde während der Stillzeit der Mutter gegeben. Wenn das Kind aber entwöhnt war, was damals mit etwa drei bis vier Jahren geschah, bekam der Vater das Sorgerecht.

Im 19. Jahrhundert begann das Gericht auch zu beurteilen, ob Eltern fähig seien, ihr Kind zu erziehen. Es wurde angenommen, daß der Elternteil, der Ehebruch begangen hatte, nicht für sein Kind sorgen könne. Dies betraf aber vor allem die Mutter, nicht den Vater. Bis 1977 wurde in Deutschland das Sorgerecht demjenigen Elternteil zugesprochen, der unschuldig am Scheitern der Ehe war[4].

Ende des 19. Jahrhunderts kam die Frauenbewegung auf, die aber nur wenig Einfluß auf die gängigen Sorgerechtspraktiken hatte. Das Gericht sah es immer noch als Unrecht an, daß die Mutter das Sorgerecht erhalten sollte, während der Vater nur bezahlen sollte. Nur Mütter, die auf Kindesunterhalt verzichteten, hatten eine Chance, ihre Kinder zugeteilt zu bekommen.

Erst die Arbeitsgesetzgebung zu Beginn dieses Jahrhunderts brachten die Wende. Zuvor waren die Kinder von ökonomischem Wert, da sie in Fabriken, Minen und auf dem Bauernhof arbeiteten. Der Vater wollte diese billigen Arbeitskräfte natürlich nicht hergeben. Als die Kinder aber eher zur finanziellen Bürde wurden, wechselte die Bevorzugung vom Vater zur Mutter. Man glaubte, daß aus biologischen und psychologischen Gründen nur Mütter geeignet seien, Kinder zu erziehen. Ein Vater hatte zu beweisen, daß die Frau eine unfähige und schlechte Mutter war, um das Sorgerecht zu bekommen.

In den siebziger Jahren begannen sich die Männer darüber zu beklagen und fanden die Idee, eine Mutter sei der bessere Elternteil, sexistisch. Seit 1977 ist das Kindeswohl in Deutschland maßgebend für die Sorgerechtsregelung. Der Richter hat zu überprüfen, mit welcher Sorgerechtsregelung sich das Kind optimal entwickeln kann. Dabei hält er sich hauptsächlich an folgende Kriterien[5]:

Das geistig-seelische Wohl des Kindes
Dabei wird die Eltern-Kind-Bindung untersucht. Es wird häufig angenommen, daß das Kind eine innere Beziehung zu demjenigen Elternteil hat, der bisher hauptsächlich für das Kind verantwortlich gewesen ist.

Wichtig ist auch, ob die Eltern für die Kindererziehung geeignet sind. Hier werden Bedenken, die meistens von einem Elternteil gegenüber dem anderen erhoben werden, überprüft, wie Alkohol- oder Drogenkonsum oder Vernachlässigung des Kindes.

Es wird die Frage gestellt: Wann sind die Eltern für das Kind verfügbar? Wenn die Mutter zum Beispiel zuhause für die Familie arbeitet und der Vater oft auf Geschäftsreise ist, dann macht es Sinn, daß das Kind hauptsächlich mit der Mutter zusammenbleibt.

Die Kontinuität
Dabei wird untersucht, wie das Kind nach der Scheidung möglichst wie bisher weiterleben kann. Dieses Kriterium wird meistens so interpretiert, daß das Kind bei einem Elternteil leben soll, um ihm möglichst wenig Veränderung aufzubürden. Die Kontinuität kann und sollte aber auch so verstanden werden, daß das Kind die Beziehung zu beiden Elternteilen aufrechterhalten kann.

Die Stabilität
Hierbei geht es um die Frage, wie das Kind sein soziales Umfeld wie Schule und Nachbarschaft aufrechterhalten kann.

Geschwisterbindung

Es gilt im allgemeinen, daß Geschwister nach einer Scheidung zusammenbleiben sollen, damit sie einander in der Krise unterstützen und weiterhin zusammen aufwachsen können.

1979 wurde das Recht der elterlichen Sorge neu geregelt. Der Gesetzgeber betrachtet die Eltern-Kind-Beziehung nun als eine Partnerschaftsbeziehung, die jedoch vom Alter und der Entwicklung des Kindes abhängig ist[6]. Diese neue Auffassung zeigt sich in der Änderung des Begriffes „elterliche Gewalt" in „elterliche Sorge" im Paragraph 1671 BGB. Auch der seit Jahren umstrittene vierte Satz dieses Paragraphen, der die Regelung des Sorgerechts bestimmt, wurde geändert. Die alte Formulierung hieß: „Die elterliche Gewalt soll in der Regel einem Elternteil allein übertragen werden. Erfordert es das Wohl des Kindes, so kann einem Elternteil die Sorge für die Person, dem anderen für das Vermögen des Kindes übertragen werden." Diese Bestimmung wurde vor der Revision von einigen Gerichten dahingehend interpretiert, daß die Zuteilung der elterlichen Gewalt nach der Scheidung auf beide grundsätzlich möglich sei. Solche Gerichte hatten begonnen, das gemeinsame Sorgerecht auszusprechen. Das bedeutet, daß beide Elternteile nach der Scheidung weiterhin ihre Elternrechte wahrnehmen können. Es steht beiden zu, größere Entscheidungen für das Kind zu treffen, beispielsweise welche Religion es haben oder welche Schule es besuchen soll. Beide Elternteile bleiben in das Leben ihres Kindes eingebunden, wie auch immer der Betreuungsplan aussieht. Es ist wahrscheinlich, daß das Kind mit beiden viel Zeit verbringt, obwohl das gemeinsame Sorgerecht nicht automatisch bedeutet, daß es eine Woche bei diesem Elternteil und eine Woche beim anderen Elternteil lebt.

Der Bundesminister sah 1980 das gemeinsame Sorgerecht als verfassungswidrig an. 1982 wurde dieser Entscheid aber vom Bundesverfassungsgericht aufgrund des im Grundrecht[7] garantierten Elternrechts (Art. 6,2 GG) als verfassungswidrig erklärt: „Pflege und Erziehung der Kinder sind das natürliche Recht der Eltern und die zuvorderst ihnen obliegende Pflicht.

Über ihre Betätigung wacht die staatliche Gemeinschaft. Dieses Elternrecht oder diese Elternverantwortung dauert auch nach der Scheidung fort und genießt auch weiterhin den Schutz der Verfassung."

Bis heute ist das gemeinsame Sorgerecht aber noch umstritten. Es wird nur in etwa 4 Prozent der Fälle ausgesprochen[8]

Gegner argumentieren, daß das Kind zwischen den Eltern hin- und hergerissen werde, daß geschiedene Eltern nicht fähig seien, gemeinsam für ihr Kind zu sorgen (sonst hätten sie sich ja nicht zu scheiden brauchen), und daß durch das alleinige Sorgerecht eine klare Entscheidung gegeben werde, wodurch die Kinder aus den Streitereien herausgehalten werden könnten.

Diese Vorurteile widerlegt die neue Scheidungsforschung klar[1]. Mit dem gemeinsamen Sorgerecht ist das Kind nicht zwischen den Eltern hin- und hergerissen, gerade weil es eine Beziehung zu beiden weiterhin aufrechterhalten kann. Es muß sich nicht für einen Elternteil auf Kosten des anderen entscheiden, wie dies beim alleinigen Sorgerecht geschehen kann. Die Forschung zeigt, daß die Mehrzahl der Eltern fähig ist, ihre Paarbeziehung von der Elternbeziehung zu trennen und gemeinsam ihre Elternaufgabe wahrzunehmen. Darin liegt einer der Hauptfaktoren, daß das Kind gestärkt aus der Scheidung hervorgehen kann. Durch das gemeinsame Sorgerecht wird dem Kind eine klare Nachricht vermittelt: daß beide Elternteile weiterhin für das Kind sorgen und an seinem Leben teilnehmen. Das gemeinsame Sorgerecht kann auch symbolischen Wert haben: Wenn das Kind zum Beispiel vorwiegend bei einem Elternteil wohnt, die Eltern diesen Betreuungsplan aber „gemeinsames Sorgerecht" nennen, vermeiden sie es, die Eltern-Kind-Beziehung rechtlich abzubrechen.

Es wird befürchtet, daß Richter bei einem Konflikt um das Sorgerecht der Einfachheit halber das gemeinsame Sorgerecht anordnen. Scheidungsexperten betonen aber, daß das gemeinsame Sorgerecht nicht gegen den Willen der Eltern ausgesprochen werden sollte, da Untersuchungen nachweisen, daß

Kinder mit Eltern, die große Konflikte und eine gemeinsame Sorgerechtsregelung haben, Verhaltens- und Schulprobleme zeigen[1]. Es wird angenommen, daß beim gemeinsamen Sorgerecht das Kind eher in die Lage kommt, die elterlichen Konflikte mitzuerleben.

Anstatt aber das gemeinsame Sorgerecht bei konfliktreichen Familien als nur schädlich zu beurteilen, wäre weitere Forschung nötig. Die Fragestellung wäre, wie Kinder mit dem gemeinsamen Sorgerecht umgehen, wenn die Eltern Konflikte haben, die die Kinder kaum miterleben. Dabei sollten Betreuungspläne untersucht werden, deren Übergabe der Kinder kaum Elternkontakt ermöglichen. Das Kind wird beispielsweise vom jeweiligen Elternteil von der Schule abgeholt. Die Hausaufgaben für nächste Woche beim anderen Elternteil werden in die Schultasche gelegt. Das Zeugnis wird kopiert und dem Kind mitgegeben. Der Lehrer führt zwei Elternkonferenzen durch.

Eine Gefahr beim alleinigen Sorgerecht in konfliktreichen Familien besteht darin, daß sich das Kind auf die Seite des sorgeberechtigten Elternteils gegen den anderen Elternteil stellt. Beim gemeinsamen Sorgerecht hat es die Chance, eine Beziehung zu beiden zu haben und sich somit ein eigenes Bild von jedem zu machen. Die Scheidungsforschung zeigt, daß eine gute Eltern-Kind-Beziehung als Puffer für den Konflikt dient. Es wäre daher herauszufinden, ob das Kind mit guten Beziehungen zu beiden Elternteilen, die zwar in Konflikt miteinander stehen, aber diesen vom Kind fernhalten können, nicht doch vom gemeinsamen Sorgerecht profitiert.

Die gemeinsame Entscheidungsbefugnis nach der Scheidung ist in den USA normal. 95 Prozent der geschiedenen Eltern kommen gar nicht auf die Idee, den anderen Elternteil dabei auszuschließen. Hat der Vater nach der Scheidung häufigen Kontakt zum Kind, ist er zufriedener mit dem Betreuungsplan, dem Kindesunterhalt und dem Ehegattenunterhalt[1]. Jeder Elternteil hat Zeit, sowohl mit dem Kind zusammenzusein als auch sein eigenes Leben aufzubauen. Beide müssen zwar nahe beieinander wohnen, aber das ist für sie ein kleiner Nachteil. Für das Kind ist es beispielsweise selbstverständlich, am Telefon zu einem Freund zu sagen: „Nächsten Samstag bin ich bei meiner Mutter. Ich werde sie anrufen und dir morgen in der Schule sagen, ob ich zu deiner Geburtstagsparty kommen kann."

Eltern, die die Mediation aufsuchen, erhalten die Gelegenheit, ihre eigene familiäre Situation gründlich zu diskutieren und einen Betreuungsplan aufzustellen, der ihren Bedürfnissen entspricht. Ihrer Kreativität sind keine Grenzen gesetzt, und Sie können das Beste für Ihre Kinder und sich selbst in die Tat umsetzen. Hier sind einige Beispiele, wie Familien nach der Scheidung leben:

- Sie arbeitet als Polizistin und er als Feuerwehrmann. Jede Woche sehen ihre Arbeitszeiten anders aus und entsprechend ihr Betreuungsplan. Die Eltern setzen sich einmal im Monat zusammen, wenn sie ihre Arbeitszeiten erfahren, um den Plan auszuarbeiten.

- Der zwölfjährige Junge lebt beim Vater und sieht die Mutter an jedem zweiten Wochenende und jeden Mittwoch. Das zweijährige Schwesterchen lebt bei der Mutter und sieht den Vater an jedem zweiten Wochenende und jeden Dienstag. So verbringen die Geschwister jedes Wochenende und jeden Dienstag und Mittwoch zusammen.

- Die Kinder leben abwechselnd eine Woche lang bei der Mutter und beim Vater. Am Freitag nach der Schule gehen sie zum jeweils anderen Elternteil. Während der Woche essen sie einmal Abendbrot beim anderen Elternteil.

- Die Kinder bleiben im elterlichen Haus wohnen, und die Eltern ziehen von Woche zu Woche ein und aus.

- Der Vater sieht den Säugling alle zwei Tage für ein bis zwei Stunden.

- Die Eltern leben weit voneinander entfernt. Die Kinder leben während eines Jahres bei der Mutter und während des anderen Jahres beim Vater. Die Ferien verbringen sie hauptsächlich beim anderen Elternteil.

- Während des Schuljahres lebt das Kind bei der Mutter und sieht den Vater an jedem zweiten Wochenende und an jedem Mittwoch. Während der Schulferien kehrt sich der Plan um, und das Kind lebt hauptsächlich beim Vater.
- Der Vater, der nur am Wochenende arbeitet, lebt mit den Kindern von Montag bis Freitag tagsüber. Die Kinder übernachten bei der Mutter, die während der Woche arbeitet, und verbringen das Wochenende mit ihr.

Das Umgangsrecht

Ist es ein Alptraum für Sie, daß der Vater die Kinder sehen will? Machen Sie sich Sorgen, ob Sie die Kinder nach der Scheidung sehen können? Haben Sie Angst davor, weniger mit den Kindern als bisher zusammensein zu können? Diese und andere Fragen beschäftigen Eltern in Scheidung, die noch keinen Betreuungsplan für ihre Kinder erarbeitet haben und für deren Kinder das Leben bei beiden noch kaum möglich ist.

Das Verhandeln über die Besuchszeiten und die Probleme um das Umgangsrecht nehmen einen großen Teil in der Scheidungsmediation ein. Eine der Hauptaufgaben des Mediators ist, die Eltern immer wieder auf ihr gemeinsames Interesse, ihr Kind, zurückzubringen. Oft ist es die Mutter, die Bedenken hat, und der Vater, der das Kind so oft als möglich sehen will. Hilfreich kann es dann sein, langsam einen Betreuungsplan aufzubauen: Indem die Eltern temporäre Übereinkünfte schließen und wieder zusammenkommen, um die Anpassung des Kindes zu diskutieren, wird der Familie genügend Zeit gegeben, sich umzustrukturieren. Beispielsweise wollte der Vater jedes zweite Wochenende von Freitag bis Montagmorgen und jeden Mittwochabend bis Donnerstagmorgen mit seinem zweijährigen Kind verbringen. Die Mutter hatte Bedenken, da ihr Sohn noch nie ohne sie die Nacht verbracht hatte. Sie machten einen Versuch: Während zweier

Monate sahen sich Vater und Sohn am Mittwoch zum Abendbrot und an den Wochenenden von Samstagmorgen bis Sonntagabend. Der Sohn ging gerne zum Vater, und die Übernachtungen verliefen gut. Nach der zweiten Mediationssitzung einigten sich die Eltern auf den ersten Plan mit der Klausel, daß sie wieder die Mediation aufsuchen würden, falls es Probleme geben sollte.

Viele Probleme um die Besuchszeiten entstehen, weil der Schmerz der Scheidung noch tief sitzt und die gängige Rechtspraxis nicht bekannt ist. Die Mediation bietet dafür den Rahmen, daß beide Elternteile sich verstanden fühlen und daher weitere Schritte unternehmen können. In einem Einzelgespräch kann die Wahrscheinlichkeit eines Gerichtsentscheides mitgeteilt werden. Oder im Gespräch mit den Anwälten können diese gebeten werden, die Eltern über das Recht aufzuklären. Beispielsweise wollte die Mutter auf keinen Fall, daß sich das Kind beim Vater aufhält, wenn dessen Freundin dort ist. Sie erfuhr, daß dies kein Grund ist, den Kontakt des Kindes zum Vater zu verbieten. Die Eltern verabredeten, daß das Kind die Freundin vorerst nur tagsüber sehen darf und daß diese erst nach drei Monaten beim Vater übernachten darf, wenn das Kind anwesend ist. So hatten Mutter und Kind Zeit, sich an die neue Situation anzupassen, und die Beziehung des Vaters hatte Zeit, sich zu bewähren, bis das Kind sich damit auseinandersetzen mußte.

Die im folgenden erwähnten Probleme können leicht in der sensiblen Phase der Scheidung eskalieren. Indem die Eltern aber in der Mediation die Gelegenheit erhalten, sie konstruktiv zu besprechen, werden sie oft lösbar. Die Probleme sind nicht geschlechtsneutral beschrieben, weil heutzutage immer noch Mütter häufiger diese und Väter jene Probleme haben.

Ich will nicht zum Besucher meines Kindes werden

Viele Väter befürchten, daß ihre elterliche Beziehung zum Kind nach der Scheidung zu einer Beziehung als Besucher verkümmert. Besteht wenig Kontakt, so entfremden sich Vater und Kind. Sobald sie bei ihren Treffen die frühere Wärme wieder erleben, ist es schon wieder Zeit, die Zelte abzubrechen. Für viele Väter ist es nicht nur eine Beleidigung, ihr Kind zu „besuchen", sondern auch ein tiefer Schmerz. Sie und das Kind verlieren eine der wichtigsten Beziehungen in ihrem Leben. Um dem Schmerz auszuweichen, vermeiden einige Väter den Kontakt zu ihrem Kind grundsätzlich mit der Rechtfertigung, daß die Abschiede das Kind auch schmerzten. Doch Kinder wollen normalerweise mit ihren Eltern zusammensein und ziehen es vor, mit dem Hin und Her umzugehen, statt keinen Kontakt mehr zu haben. Untersuchungen zeigen, daß Väter, die ihre Kinder im ersten Jahr nach der Scheidung oft sehen, den Kontakt aufrechterhalten, während Väter mit seltenem Kontakt im ersten Jahr eher nach und nach aus dem Leben ihres Kindes verschwinden[9].

Ein Anliegen in der Mediation ist daher, eine andere Sprache einzuführen. Indem der Ausdruck „Besuchszeiten" nicht verwendet wird, wird den Eltern gezeigt, daß keiner von ihnen zum Besucher abgestempelt wird, was entspannend wirkt. Der Mediator sollte Formulierungen wie „Kontakt mit Mutter und Vater", „Leben mit Mutter und Vater" verwenden, um den Eltern anzudeuten, daß sie weiterhin Eltern bleiben. So können die Eltern selbst diese Sprache übernehmen und dem Kind weitervermitteln.

Vielleicht glaubt man, Väter hätten es nach der Scheidung einfacher. Sie leben alleine und haben Zeit, auszugehen und wieder ein „Erwachsenen-Leben" zu führen. Doch viele Väter leiden darunter, nicht mehr so oft mit ihren Kindern zusammenzusein. Sie hatten sich vielleicht vor der Scheidung darauf gefreut, daß sie endlich wieder ungestört die Zeitung lesen könnten und sich nicht mehr die Streitereien der Kinder anhören müßten. Doch nun ist es plötzlich so still in der neuen Wohnung. Die Kinder werden schmerzlich vermißt, und eine große Traurigkeit breitet sich aus. Und wenn die Kinder endlich am Wochenende da sind, was soll man unternehmen? Vater und Kind waren bisher fast nur im Beisein der Mutter zusammen. Doch auch Väter können lernen, alltägliche Verantwortung für ihre Kinder zu tragen. Ein anschauliches Beispiel bietet der Film „Kramer gegen Kramer". Es klappt vielleicht nicht von heute auf morgen, aber mit gutem Willen und Einsatz kann die Beziehung sogar noch enger und befriedigender als zuvor werden[2].

- Gestalten Sie Ihre Wohnung als Heim für die Kinder, indem Sie deren Zeichnungen und Fotos aufhängen. Jedes Kind sollte einen Ort für seine persönlichen Dinge haben, und wenn es nur eine Schublade ist. Die Kinder werden ihre vertrauten Gegenstände wiederfinden und sich sogleich heimisch fühlen. Kaufen Sie einige Spiele und Malsachen für ruhige Zeiten des Zusammenseins. Bereiten Sie im Badezimmer die Zahnbürsten und Tücher für die Kinder vor, und kochen Sie, was sie gerne essen.
- Vielleicht treffen Sie auf dem Spielplatz Altersgenossen Ihrer Kinder; Kinder lieben es, Freunde einladen zu dürfen.
- Bereiten Sie sich auf die Feiertage vor. Schmücken Sie einen Christbaum, auch wenn es nur ein kleiner ist, und verstekken Sie zu Ostern Eier.
- Vermeiden Sie es, ein „Disneyland-Vater" zu werden, indem Sie sich Mühe geben, den Kindern ständig etwas Außergewöhnliches zu bieten. Auch auf einem Spaziergang oder beim gemeinsamen Lesen eines Buches können schöne Gespräche entstehen.
- Verwöhnen Sie die Kinder nicht nach Strich und Faden, das tut ihnen nicht gut. Sie fühlen sich mehr zu Hause, wenn sie etwas mithelfen müssen und an ihre Grenzen erinnert werden.

Bleiben Sie auch in Kontakt, wenn die Kinder bei ihrer Mutter sind. Gegebenheiten, die Sie vor der Scheidung am Familientisch erzählt haben, können Sie nun in Briefen schildern. Falls Ihr Kind zum Beispiel Schach liebt, spielen Sie es auf brieflichem Weg, oder wenn Ihr Kind Fußball schaut, kommentieren Sie die Spiele und senden entsprechende Zeitungsartikel. Geben Sie dem Kind selbstadressierte und frankierte Briefumschläge mit, damit nicht die Mutter dafür aufkommen muß. Heutzutage kommuniziert man auch per Computer, und wenn beide Haushalte damit ausgestattet sind, können Sie sich Gutenachtgrüße per Internet zusenden. Sie können eine Audiokassette für Ihr Kind besprechen oder einen Videofilm drehen. Und telefonieren Sie regelmäßig! Sie können auch ein Journal mit Ihren Gedanken für Ihr Kind schreiben, das Sie ihm zu gegebener Zeit überreichen.

Der Vater interessiert sich nicht für unser Kind und sieht es nur unregelmäßig

Viele Väter brechen den Kontakt zu ihrem Kind ab, weil es für sie zu schmerzhaft ist, rechtlich dafür zu kämpfen, oder weil sie den Besucherstatus und Mangel an Einfluß spüren. Und dann gibt es Väter, die sich kaum für ihre Kinder interessieren.

Als Mutter mit alleinigem Sorgerecht können Sie einiges dazu tun, damit Ihre Kinder ihren Vater behalten können[2].

- Teilen Sie dem Vater mit, daß Sie möchten, daß er eine aktive Rolle im Leben Ihres Kindes spielt. Informieren Sie ihn über besondere Leistungen des Kindes oder auch über dessen Probleme. Vielleicht können Sie zusammen eine Lösung finden.
- Ermutigen Sie die Kinder, den Vater anzurufen, schicken Sie Fotos der Kinder und laden Sie ihn zu den Schulfeiern und Elternkonferenzen ein. Basteln Sie mit dem Kind Vatertags-, Geburtstags- und Weihnachtsgeschenke.
- Reden Sie nicht schlecht über den Vater. Eine Mutter, deren Exmann nur ab und zu vorbeischaute, informierte die Kinder gar nicht mehr über sein geplantes Kommen, da die Ent-

täuschung in ihren Gesichtern zu groß war, wenn der Vater sie dann doch nicht abholte. Sie blieb zu Hause, und falls der Vater kam, war dies eine freudige Überraschung. Aber kein böses Wort über den Vater kam über ihre Lippen. Eine Frau erzählte, wie sie es ihrer Mutter hoch anrechnete, daß sie sich nie schlecht über den Vater geäußert hatte, obwohl der Vater die Mutter heftig geschlagen hatte und später spurlos aus ihrem Leben verschwunden war.

- Laden Sie den Vater zu einer Mediationssitzung ein. Vielleicht fällt es Ihnen leichter, mit Hilfe einer neutralen Partei Ihre Wünsche und Interessen zu besprechen. Und vielleicht sind Sie erstaunt zu erfahren, daß sich der Vater schon lange mehr Kontakt mit den Kindern wünscht.

- Falls es Ihnen nicht gelingt, den Vater mehr einzubinden, dann wissen Sie jedoch, daß Sie das in Ihrer Macht Stehende für Ihr Kind getan haben.

Der Vater hat sich nie um das Kind gekümmert. Nun will er es oft sehen

Auch wenn der Vater nicht viel mit dem Kind unternommen hat, und dies ist ein Vorwurf vieler Mütter, so ist es doch eine Veränderung für das Kind, ihn nicht mehr täglich zu sehen. Daher ist es generell gut für das Kind, ihn öfters zu sehen, auch wenn die Kontakte kürzer sind. Dies hilft dem Kind, ohne die Gegenwart der Mutter eine Beziehung zum Vater aufzubauen. Manchmal muß der Vater einen Kompromiß eingehen und sich etwas gedulden: Die Eltern können in der Mediation einen temporären Elternplan entwickeln, der ihm momentan weniger Zeit mit dem Kind zuläßt, als er es sich wünscht. Wenn die Mutter dann sieht, daß der Kontakt zum Vater dem Kind guttut und sich die Emotionen etwas beruhigt haben, kann sie dem Kind mehr Zeit mit dem Vater zugestehen.

Der Vater will mehr Zeit mit dem Kind verbringen, damit er weniger Kindesunterhalt bezahlen muß

Nun gibt es Väter, die mehr Zeit mit dem Kind verlangen, um weniger Kindesunterhalt bezahlen zu müssen. In der Mediation wird dieser Vorwurf oft von den Müttern erhoben, worauf die Väter beteuern, daß dem nicht so sei. Wenn die Väter dann den Kontakt aufrechterhalten, tut das der ganzen Familie gut: Die Kinder können in ihrer Beziehung zum Vater aufblühen, der Vater, der nun auch die eigentliche Kinderpflege übernehmen muß, lernt sich um die alltäglichen Dinge zu kümmern und erhält mehr Selbstbewußtsein und mehr Bestätigung durch die enger werdende Bindung. Und die Mutter, die wirklich das Wohl ihrer Kinder vor Augen hat, sieht, wie gut ihnen die neue Beziehung mit dem Vater tut; etwas, das sie sich zu Beginn der Ehe gewünscht hatte. Väter jedoch, die aus dem Leben ihrer Kinder verschwinden, nachdem sie so auf dem Kontakt beharrt hatten, wissen nicht, wie sehr sie ihren Kindern damit wehtun und was sie selbst verpassen. Die Mutter jedoch hat in dieser Situation das Wohl des Kindes den eigenen Emotionen vorangestellt und dem Kind und dem Vater eine Chance gegeben, sich kennenzulernen.

Muß ich Kindesunterhalt bezahlen, auch wenn die Mutter mir den Kontakt mit den Kindern verweigert? Müssen die Kinder zum Vater gehen, obwohl er keinen Kindesunterhalt bezahlt?

Falls Sie überlegen, ob Sie Kindesunterhalt bezahlen müssen, obwohl die Mutter Ihnen den Kontakt mit den Kindern verweigert, oder ob Sie Umgangsrecht gewähren müssen, obwohl der Vater keinen Kindesunterhalt bezahlt: Die Antwort ist Ja. Das Kind sollte nicht darunter leiden, wenn Sie beide in einen Machtkampf verstrickt sind. Daher werden Kontakt und Unterstützung voneinander getrennt. Wenn Sie Probleme haben,

Ihr Kind zu sehen oder Kindesunterhalt zu erhalten, kann die Mediation auch hier helfen. In der Mediation erhalten die Eltern die Gelegenheit zu diskutieren, wie das Geld für die Kinder verwendet werden soll. Weiß der Vater, daß es für die Wintergarderobe, für den Babysitter und nicht für die Vergnügungen der Mutter gebraucht wird, ist er stärker motiviert, regelmäßig zu bezahlen. Untersuchungen zeigen, daß Väter, die mehr in das Leben ihres Kindes eingebunden sind, ihren Unterhaltszahlungen besser nachkommen[9].

Kann ich den Kontakt mit dem Vater verweigern, weil er keinen guten Einfluß auf mein Kind hat?

Frauen sind manchmal so wütend über ihre Exmänner, daß sie wirklich glauben, daß jeglicher Kontakt des Kindes mit dem Vater schädlich ist. So wie in der Zeit der Verliebtheit die Mängel des Partners nicht oder kaum wahrgenommen werden, so wird in der Zeit der Scheidung alles durch eine schwarze Brille gesehen. Zudem zeigt man sich in der Verliebtheit von der besten Seite, während man am Ende der Ehe selbst kaum glaubt, daß man sich so verhalten kann. Dies betrifft jedoch die Erwachsenen, weswegen sie sich auch scheiden lassen. Das Kind sollte nicht davon betroffen werden. Kann es eine Beziehung zu seinem Vater haben, so kann es sich ein eigenes Bild von ihm machen. Was ihm gefällt, kann es in sein Leben integrieren, und was ihm nicht gefällt, anders machen. Kinder sind flexibel, sie können sich auf verschiedene Haushalte einstellen und wissen, wo welche Grenzen sind. Doch was sollen Sie tun, wenn Sie in der Situation sind, daß Sie einen mittelmäßigen Babysitter dem Vater Ihres Kindes vorziehen, und wenn Sie froh sind, daß der Vater Ihr Kind nicht sehen will, damit er nicht ein bedeutendes Vorbild wird?

Den Vater kaum oder gar nicht zu kennen, ist keine Garantie dafür, daß die Kinder frei von den schlechten Charakterzügen und Eigenschaften Ihres Expartners sind. In einer Familie zum Beispiel verschwand der Vater, als der eine Junge zwei und die Mutter schwanger mit dem anderen Sohn war. Die beiden Töchter waren fünf und sieben zu diesem Zeitpunkt. Der Mann war ein Alkoholiker und Spieler und schlug seine Frau. Während die Mädchen erfolgreiche Frauen wurden, kamen die Jungen als Erwachsene oft mit dem Gesetz in Konflikt wegen Alkohol und Spielsucht.

Leider gibt es auch Eltern, die ihre Kinder mißhandeln, sexuell mißbrauchen, entführen und nicht wissen, wie man für ein Kind sorgt. Aber sie sind eine Minderheit. Falls aber ein Elternteil das Kind in Gefahr bringt, müssen Sie natürlich für die Sicherheit Ihres Kindes sorgen. Befolgen Sie das im Abschnitt „Mein Kind will den Vater nicht sehen" erwähnte Vorgehen.

Als Regel gilt, daß die Zeit des Kindes mit dem anderen Elternteil respektiert wird und Sie sich nicht einmischen sollten. Was Sie an ihm gestört hat, wird Sie weiterhin stören. Das Gute daran ist, daß Sie nicht mehr täglich damit umgehen müssen. Es ist zwar schwer zu ertragen, wenn der andere Elternteil die Kinder stundenlang fernsehen läßt, sie nicht gesund ernährt, sie in seiner kurzen Zeit bei einem Babysitter zurückläßt, sie zu spät ins Bett bringt oder die Kinder sich bei Ihnen darüber beklagen, wie langweilig es beim Vater ist. Vermeiden Sie es dann, sich einzumischen, indem Sie zum Beispiel einen Streit bei der nächsten Übergabe beginnen oder mit dem Kind über das Schlechte am anderen Elternteil schimpfen. Gehen Sie auch nicht für das Kind vors Gericht, um den Kontakt mit dem Vater abzubrechen. So würde das Kind wahrscheinlich noch tiefer in einen Loyalitätskonflikt stürzen. Es müßte sich schließlich ganz gegen den anderen Elternteil stellen und somit die Hälfte seiner selbst als schlecht abwerten. Ein Teufelskreis kann entstehen, bei dem der Kontakt zum „schlechten" Elternteil ganz abbricht und der „gute" Elterteil mit der alleinigen Verantwortung für ein Kind überfordert ist, das wahrscheinlich Verhaltensprobleme zeigt.

In einer solchen Situation möchte das Kind häufig in der Pubertät zum andern Elternteil ziehen, um zu sehen, ob er wirklich so schlecht ist. Und obwohl es den „guten" Elternteil immer noch liebt, kann es doch zu einem Vertrauensverlust kommen, denn es erkennt, daß der Haß gegenüber dem anderen und die Genugtuung zu „gewinnen" größer waren als die Anteilnahme an seinem Wohlergehen.

Lehren Sie statt dessen Ihre Kinder, daß Sie ihre Gefühle direkt dem Vater mitteilen und Vorschläge bringen sollen, wie was verbessert werden kann. Dadurch erhalten sie die Gelegenheit, die Selbstbestimmung zu lernen. Vielleicht wußte der Vater bisher nicht, was man mit Kindern unternehmen kann und ist froh um Ideen. Und Sie können sich auf die Schultern klopfen, denn Sie haben das für die Kinder so schädliche Spiel, die Eltern gegeneinander auszuspielen, unterbunden.

Sie können dem anderen Elternteil auch in einem Punkt, der ihm wichtig ist, entgegenkommen. Indem Sie einen Kompromiß schließen, kann er Ihnen vielleicht auch einen Gefallen tun. Der Vater versprach zum Beispiel, die Kinder um 20 Uhr ins Bett zu bringen, wenn die Mutter nicht mehr in der Gegenwart der Kinder raucht.

Sollen die Geschwister zusammen zum Vater gehen?

Scheidungsexperten empfehlen im allgemeinen, daß die Geschwister zusammen zum anderen Elternteil gehen sollten. Sie glauben, daß sich die Geschwister gegenseitig unterstützen können, daß das gemeinsam Erlebte ihnen helfe, die Scheidung besser zu verarbeiten, daß sie jemanden zum Spielen hätten und ganz einfach daran gewöhnt seien, beieinander zu sein.

Im individuellen Fall kann es aber vorkommen, daß die Kinder vom Vater und der Mutter mehr profitieren, wenn sie sie für sich allein haben. Sie können eine individuelle Beziehung aufbauen, jeder Elternteil kann in diesem Moment ganz auf die Bedürfnisse des einzelnen Kindes eingehen, und der Eltern-Kind-Kontakt ist frei von den Geschwisterrivalitäten und -streitereien. Zudem erhält jeder Elternteil mehr Kontakt mit den Kindern, als wenn beide zur gleichen Zeit mit einem Kind zusammen sind: Wenn beispielsweise der Vater beide Kinder jeden Mittwoch und abwechslungsweise eines der Kinder am Dienstag sieht, so ist er „nur" am Montag und Donnerstag während der Woche allein und die Mutter ist „nur" am Mittwoch allein.

Muß das Kind zum Vater gehen, auch wenn es krank ist?

Wenn das Kind am Wochenende des Vaters krank ist, sollte es trotzdem zu ihm gehen, außer wenn es zu krank ist, um dorthin zu fahren. Väter können sich auch um kranke Kinder kümmern, das Erbrochene wegwischen, Betten wechseln und Geschichten erzählen. Dadurch wird die Vater-Kind-Beziehung noch mehr gestärkt. Die Eltern können sich darauf einigen, dem Urteil ihres Hausarztes zu folgen, falls sie sich uneinig sind, ob das Kind fähig ist, die Fahrt zum anderen Elternteil auf sich zu nehmen.

Der Vater verwöhnt die Kinder nur, und ich habe den Alltag

Wenn der Vater die Kinder nur ab und zu an einem Wochenende sieht und keinen Alltag mit ihnen verbringt, kommt er leicht in die Situation, die Kinder zu verwöhnen, sei es aus Schuldgefühlen wegen der Scheidung, sei es, um die Mutter auszustechen. Dies kann der Mutter übrigens auch geschehen, selbst beim gemeinsamen Sorgerecht ist so etwas möglich. In einer Familie zum Beispiel, in der die Kinder eine Woche bei ihrer Mutter und eine Woche bei ihrem Vater wohnten, gab der Vater fünf Mark Taschengeld, worauf die Mutter ihres auf sechs Mark erhöhte.

Auch verheiratete Eltern konkurrieren um die Zuneigung des Kindes, aber bei Geschiedenen ist der Wunsch, den anderen auszustechen, und die Angst, die Zuneigung des Kindes zu verlieren, größer.

Die Rechnung geht jedoch nicht auf: Obwohl die Kinder sich auf materielle Geschenke stürzen, durchschauen sie die Situation bewußt oder unbewußt. Sie spielen zwar die Eltern zu ihren Gunsten aus, würden aber wahre Liebe vorziehen. Vertrauen Sie darauf, daß Ihre Kinder zu Ihnen kommen, weil Sie liebevolle Eltern sind, ihnen zuhören, ihnen Verständnis entgegenbringen und ihre Bedürfnisse erfüllen.

Wie sollen wir die Feiertage und den Urlaub gestalten?

Besonders die ersten Feiertage nach der Scheidung können schmerzhaft sein, da mit diesen Zeiten das Zusammensein mit der Familie verbunden ist und Erinnerungen wach werden. Es kann hilfreich sein, ein neues Ritual zu entwickeln, damit man sich auf das Neue konzentriert und nicht am verlorenen Alten hängenbleibt. Eine Mutter und ihre Tochter haben zum Beispiel nach der Scheidung angefangen, Eßwaren an Obdachlose zur Weihnachtszeit zu verteilen.

Es ist wohl unvermeidbar, daß Sie jetzt einige Zeit während der Feiertage ohne Ihre Kinder verbringen, da sie beim anderen Elternteil sind. Wenn Sie glauben, daß das Alleinsein für Sie schwierig sein wird, planen Sie etwas, das Sie ablenkt. Buchen Sie eine Reise mit anderen Alleinstehenden, oder besuchen Sie Freunde, die Ihre Situation verstehen. Vielleicht kennen Sie andere Alleinstehende und können zusammen ein schönes Fest feiern.

Wenn die Eltern in der Mediation die Aufteilung der Feiertage besprechen, ist es meistens hilfreich, mit den „einfachen" Feiertagen zu beginnen. Die Eltern sind sich schnell einig, daß das Kind den Vatertag beim Vater, den Muttertag bei der Mutter und die Geburtstage der Eltern beim jeweiligen Elternteil verbringen soll. Der Geburtstag des Kindes bereitet schon mehr Mühe, doch für Kinder ist es im allgemeinen kein Problem, zweimal Geburtstag zu feiern. Ein neunjähriger Junge löste den Loyalitätskonflikt, bei welchem Geburtstag er seine Freunde einladen sollte, indem er sie zu beiden Geburtstagsfesten einlud, ihnen aber mitteilte, daß sie kein Geschenk zur zweiten Feier mitbringen müßten. Feiertage wie Christi Himmerlfahrt können jährlich abgewechselt werden. Feiert ein Elternteil Heiligabend und der andere Weihnachtstag, ist auch dieses Fest einfacher zu gestalten. Feiern Sie aber beide Weihnachtstag, versuchen Sie es zu vermeiden, das Kind zu „überladen". Zwei Weihnachtsessen am selben Tag können zuviel sein, und wenn die Eltern noch weit voneinander wohnen, kann die Reise an diesem wichtigen Tag die ganze Freude verderben. Viele Eltern alternieren daher jährlich Weihnachtsabend und Weihnachtstag. Eltern, die „perfekte Kumpel" oder „kooperative Kollegen" sind, verbringen Feiertage manchmal zusammen.

Wenn das Kind während der Schulzeit hauptsächlich bei einem Elternteil lebt, verbringt es die Ferien häufig beim anderen. Oft wollen die Eltern, daß beide die Gelegenheit haben, während mindestens zweier Wochen mit dem Kind in Urlaub zu fahren.

Die Übergabe des Kindes: Ein Riesenproblem!

Die Übergabe des Kindes ist für die Eltern und Kinder der Gruppen „wütende Bekannte" und „erbitterte Feinde" meistens ein großes Problem. In der Mediation können Wege erarbeitet werden, so daß das Kind ungehindert zwischen den Eltern hin- und herpendeln kann. Es ist die gemeinsame Liebe zum Kind, die die Eltern oft befähigt, es aus ihren Streitereien herauszuhalten.

Für viele Eltern wird die Übergabe dazu benutzt, Dinge miteinander zu besprechen, die oft in einem Streit vor dem Kind enden. Es ist deshalb besser, während der Übergabe Gespräche zu vermeiden. Um etwas zu besprechen, treffen Sie sich an einem neutralen Ort, z. B. einem Restaurant, oder Sie telefonieren, wenn die Kinder außer Hörweite sind, oder Sie schreiben sich Briefe.

Wenn es den Eltern nicht gelingt, die Übergabe konfliktfrei zu gestalten, können sie eine von beiden akzeptierte Person, zum Beispiel die Großmutter oder den Großvater, bitten, das Kind von einem zum anderen zu fahren. Oder die Mutter bringt das Kind zu den Großeltern, und der Vater holt es dort ab. Wenn die Eltern keine gemeinsamen Leute kennen, denen sie vertrauen, einigen sie sich manchmal, das Kind in einer Polizeistation zu übergeben.

Im allgemeinen bewährt es sich, wenn der Vater die Kinder am Freitag von der Schule abholt und sie am Montag wieder dorthin bringt. So müssen die Kinder nicht einen Elternteil wegen des anderen verlassen, und die Eltern weichen einer heiklen Situation aus.

Manchmal kommt es vor, daß der Vater zu spät kommt, so daß die Mutter ihre Verabredung absagen muß. Oder die Mutter hat „vergessen", daß der Vater das Kind abholt, und ist nicht zu Hause oder hat das Kind noch nicht bereit und braucht dazu eine Stunde. Eine wertvolle Zeit in manchen knapp bemessenen Vater-Kind-Kontakten! Oder die Mutter organisiert während der Zeit mit dem Vater tolle Aktivitäten, die es dem Kind schwer machen, ins Haus des Vaters zu gehen. Es ist offensichtlich, daß diese Vorkommnisse als weitere Beweise interpretiert werden, daß der Expartner der unzuverlässigste und unmöglichste Mensch auf Erden ist und daß die Kinder vor ihm bewahrt werden müssen. Natürlich ist dieser aber nicht der gleichen Ansicht und äußert in der Mediation Gründe für diese Probleme. Dann kann der Kontaktplan umgearbeitet werden, und es können Grenzen festgelegt werden. Zum Beispiel können die Eltern verabreden, daß die Mutter nach 30 Minuten Warten den Kontakt als abgesagt betrachtet. Der abgeänderte Plan soll dann wiederum nach einem oder zwei Monaten besprochen werden. Häufig sagen die Eltern aber diese Mediationssitzung ab, weil alles einigermaßen gutgeht.

Wenn der Vater die Kinder zur Mutter zurückbringt und sie weinen, glaubt er, daß sie unglücklich sind, da sie ihn verlassen müssen, während die Mutter denkt, daß sie eine schwere Zeit hatten ohne sie und aus Erleichterung weinen, wieder zurückzusein. Kommen die Kinder glücklich zurück, ist das für den Vater ein Zeichen dafür, daß sie noch von der guten Zeit mit ihm zehren, und für die Mutter, daß sie froh sind, wieder bei ihr zu sein. Solange es dabei bleibt, gewinnen beide Elternteile Selbstbewußtsein durch ihre Interpretation, und es ist wahrscheinlich, daß die Kinder aus eventuellen Auffälligkeiten bei der Übergabe wieder herauswachsen.

Wenn das Kind nicht zur Mutter zurückkehren will, kann es sein, daß es dem Vater damit den Abschied erleichtern will. Es kann aber auch sein, daß es wirklich zu wenig Zeit mit ihm verbringt und ihn vermißt. In der Mediation können die Eltern besprechen, wie sie dem Kind den Übergang erleichtern können. Dem Kind kann beispielsweise gesagt werden, wann es wieder beim Vater sein wird. Oder die Eltern können einen anderen Betreuungsplan erarbeiten, der dem Vater und dem Kind mehr Zeit gibt. Ein Vater zum Beispiel zog vorübergehend in eine billigere Wohnung und sparte so für ein Haus in der Nähe der Mutter, um das Kind häufiger zu sehen. Er nahm auch einen längeren Arbeitsweg in Kauf.

Manchmal wird die Übergabe von den Eltern dazu benutzt, beieinander zu sein. Vielleicht kann diese Zeit zur Klärung benutzt werden, ob dieses Paar wirklich getrennt leben will. Wenn aber nur ein Elternteil auf Wiedervereinigung hofft und der andere aus Schuldgefühlen mitmacht, kann dies für den Moment das Einfachste sein, verzögert und erschwert aber die emotionale Scheidung. Taucht dann plötzlich ein neuer Partner auf, gerät die Familie vielleicht in eine große Krise. Auch die Kinder haben wahrscheinlich auf Wiedervereinigung gehofft, und es wird für sie schwieriger, den neuen Partner zu akzeptieren und ihn nicht als Eindringling anzusehen.

Ich will, daß der Vater mein Kind in meinem Zuhause sieht

Besonders wenn das Kind noch klein ist und vielleicht noch gestillt wird, ist es für die Mutter manchmal schwierig, sich ihr Kind ohne sie in der Welt draußen vorzustellen. Manchmal wird daher in der Mediation vereinbart, daß der Vater im Zuhause der Mutter und in ihrer Gegenwart den Säugling sieht. Dies kann für eine kurze Zeit sinnvoll sein: Die Mutter kann sehen, daß der Vater kompetent mit dem Kind umgeht. Die Wogen der Scheidung glätten sich mit der Zeit, das Kind wird älter, und es kann zu einem anderen Plan übergegangen werden. Im allgemeinen wird es für einen Säugling als sinnvoll angesehen, wenn er für kurze Zeiten, dafür aber häufiger mit dem Vater zusammen ist. Es sollten Zeiten ausgewählt werden, in denen das Kind satt und ausgeruht ist, und man kann gepumpte Brustmilch mitgeben. So führen auch verheiratete Väter stolz ihre Sprößlinge aus!

Unsere Ehe ging kaputt, weil mein Expartner homosexuell ist. Ich will nicht, daß mein Kind dem ausgesetzt ist

Die sexuelle Orientierung beeinträchtigt die Fähigkeit zum Elternsein grundsätzlich nicht. Daher sollte das private sexuelle Leben keinen Einfluß auf den Betreuungsplan haben. Wenn der andere Elternteil aber unangemessene sexuelle Verhaltensweisen vor dem Kind zeigt, zum Beispiel ständig wechselnde Partner nach Hause bringt, in der Wohnung Pornographiehefte herumliegen läßt oder das Kind Geschlechtsverkehr beobachten läßt, muß das verhindert werden, ob der Expartner nun homo- oder heterosexuell ist.

Möchte der andere Elternteil seine sexuelle Orientierung nicht vor dem Kind verheimlichen, dann kann Sie vielleicht die Forschung zu diesem Gebiet beruhigen[2]:

Kinder, die mit einem Elternteil aufwachsen, der mit einem Partner des gleichen Geschlechts zusammenlebt, leben psychologisch gesehen genausogut und zeigen nicht mehr homosexuelle Tendenzen als Kinder, die in der traditionellen Kleinfamilie aufwachsen.

Mein Kind will den Vater nicht sehen

Vor allem Mütter sehen sich mit dem Problem konfrontiert, daß sich ihr Kind weigert, den Vater zu sehen, und sogar in einen Tobsuchtsanfall oder Weinkrampf ausbricht, wenn es Zeit ist, zum Vater zu gehen. Das ist natürlich schmerzhaft für alle Beteiligten, und die Mutter macht sich schlimme Vorstellungen, was im Hause des Vaters wohl passiert. Es liegt nahe, daß sie vermutet, der Vater mißbrauche das Kind.

Ein typischer, aber unglücklicher Verlauf ist der folgende: Die Mutter möchte wissen, ob das Kind mißbraucht wird, und bringt es zu einem Therapeuten. Das Kind äußert sich dort vielleicht nicht, und die Mutter sucht einen anderen Therapeuten auf. Das Kind erwähnt dort oder bei einem dritten Therapeuten, daß der Vater ihm irgendetwas angetan hat.

Ein von der Mutter aufgesuchter Therapeut, ohne Einbezug des Vaters, kann nicht neutral sein, und der Anwalt des Vaters wird später versuchen, seine Aussagen vor Gericht nicht zuzulassen. Das Kind wird mehrere Male über Mißhandlungen ausgefragt werden.

Die Mutter teilt dem Vater dann per Gerichtsurteil mit, daß

das Kind ihn nicht sehen wolle und wegen Verdacht auf Mißhandlung auch nicht sehen könne.

Dies ist ein großer Schock für den Vater. Für ihn ist der Fall
klar: Die Mutter beeinflußt das Kind gegen ihn, und er versucht zu beweisen, daß es in seiner Gegenwart glücklich und
zufrieden ist. Er befürchtet, daß das Kind sich gänzlich auf die
Seite der Mutter stellen wird, da er es nicht mehr sehen kann
und die Mutter die besseren Karten hat. Er bestellt einen Gutachter, der seine Beziehung mit dem Kind untersucht.

Das Gericht setzt einen neutralen Sorgerechtsuntersucher
ein, der ein Gutachten erstellt, um herauszufinden, wie wahrscheinlich es ist, daß das Kind mißbraucht wurde.

Wird der Vater als „schuldig" befunden, verlangt er wahrscheinlich ein weiteres Gutachten, wird der Mißbrauch aber
als unwahrscheinlich beurteilt, verlangt die Mutter ein weiteres Gutachten. Vielleicht beginnt auch ein Gerichtsprozeß, in
dem die Therapeuten, die Gutachter, Freunde, Verwandte und
Lehrer aussagen. Das Kind wird vielleicht in der Richterkam-
mer noch einmal befragt.

Wie schmerzhaft dieser wahrscheinlich sich über Monate
erstreckende Prozeß für die ganze Familie sein kann, kann
wohl nur erahnt werden. Hier hätte die Mediation der Familie
helfen können:

Die Mutter sucht die Mediation auf, um ihren Verdacht
dem Vater mitzuteilen. Hypothesen über das Verhalten des
Kindes werden diskutiert. Verhalten sich die Kinder der Mutter gegenüber loyal und wollen ihr zeigen, daß sie sie verlassen müssen und nicht etwa freiwillig gehen? Wollen sie der
Mutter auf ihre Weise helfen, indem sie ihr zeigen, daß sie der
bessere Elternteil ist? Ist ihr Verhalten vielleicht auch ein Hil-
feruf, um die mißlungene Anpassung an die Zeit nach der
Scheidung zu verbessern? Gibt es Wege, wie der Vater der
Mutter zeigen kann, daß es den Kindern bei ihm gutgeht?
Kann ein Familienmitglied, dem beide trauen, mit dem Vater
und dem Kind zusammensein und dann der Mutter darüber
berichten? Vielleicht beschließen die Eltern, einen von beiden

genehmigten Gutachter aufzusuchen. Wie soll der Betreuungsplan während der Untersuchung aussehen? Da der Gutachter parteiisch sein könnte, könnten sich die Eltern einigen, einem zweiten Gutachter eine Chance zu geben unter der Voraussetzung, daß sie sich mit dessen Entscheidung abfinden werden.

Auch diese Version bringt schlaflose Nächte, Ängste und Sorgen. Doch das Kind wird davor bewahrt, mehrere Male über Mißbrauch befragt zu werden. Untersuchungen zeigen, daß Aussagen von Kindern durch wiederholtes Befragen weniger genau werden. Sie lernen zu sagen, was der Erwachsene von ihnen hören möchte, und geben ihm schließlich die gewünschten Antworten[10]. Forschungen enthüllen, wie suggestibel Kinder sind. Der belgische Psychologe Varendonck zum Beispiel befragte 18 Kinder nach der Farbe des Bartes eines Lehrers[11]. Sechzehn Kinder gaben daraufhin eine Antwort, und nur zwei sagten, sie wüßten es nicht. Der Lehrer aber hatte gar keinen Bart.

Der neutrale Gutachter, der der erste ist, der mit dem Kind spricht, hat am ehesten die Chance, ein ungetrübtes Bild zu erhalten. Die Eltern sehen sich zusammen mit einem Problem konfrontiert und sollten es gemeinsam zum Besten für ihr Kind lösen.

Das „Eltern-Entfremdungssyndrom" oder „Die Mutter verhindert den Kontakt zu meinem Kind"

Es gibt leider Mütter, die aus Zorn und Rachegedanken den Kontakt ihres Kindes zu seinem Vater sabotieren. Das Kind ist an den festgelegten Besuchszeiten nicht aufzufinden, Briefe an das Kind werden ungeöffnet zurückgesandt, und das Geburtstagsgeschenk des Vaters für das Kind wird von der Mutter weggeworfen. Der Vater sieht manchmal keine andere Lösung, als mit der Polizei aufzukreuzen, um sein Recht, sein Kind zu sehen, durchzusetzen.

Es kommt vor, daß Kinder, die so in den Sorgerechtskampf ihrer Eltern verstrickt sind, sich gänzlich auf die Seite des „geliebten" Elternteils stellen und den anderen Elternteil „hassen" und nur Schlechtes über ihn zu berichten haben. Dies nennt der bekannte amerikanische Kinderpsychiater und Scheidungsexperte Richard Gardner das „Eltern-Entfremdungssyndrom"[3]. Es ist während der letzten Jahre in den USA aufgetreten, weil den Müttern nicht mehr automatisch das Sorgerecht zugeteilt wird und diese nun das Kind einer Gehirnwäsche unterziehen, um den Prozeß zu gewinnen. Die Beeinflussung kann offen geschehen: „Der Vater hat uns verlassen", „er bezahlt keinen Unterhalt für dich" oder „seine Freundin ist eine Hure". Sie kann subtiler und unbewußt ablaufen, z.B. „das Kind soll entscheiden, ob es den Vater sehen will". Das Kind merkt natürlich, daß die Mutter das nicht will, und sagt, daß es keinen Kontakt zum Vater haben will. Die Mutter antwortet darauf eventuell: „Du mußt ihn besuchen gehen, sonst zieht er uns vors Gericht." oder „Ich respektiere deine Entscheidung und bewundere deinen Mut, dazu zu stehen. Ich tue mein Möglichstes, damit du den Vater nicht besuchen mußt."

Das Kind seinerseits wird so haßerfüllt gegen den Vater und erzählt bereitwillig Geschichten über ihn, die ihn als den „Bösen" darstellen. Beispielsweise schilderte ein achtjähriger Junge, wie der Vater vor Jahren zum Haus gekommen sei und die Mutter beschimpft habe. Als er gefragt wurde, wieso er das wisse, antwortete er, die Mutter habe ihm das gesagt. Häufig überträgt sich der Haß auch auf die Familienmitglieder des Vaters, und sogar die Großeltern, Onkel und Tanten werden zu Bösewichten.

Sieht das Kind den Vater, kann es nach Anfangsschwierigkeiten oft den Kontakt genießen, wird aber wieder nervös und verschlossen, bevor es zur Mutter zurückgeht.

Kennen Therapeuten das Eltern-Entfremdungssyndrom nicht, kann es geschehen, daß sie die Situation verschlimmern. Häufig wird das Kind von der Mutter zur Therapie gebracht, ohne daß der Vater dies weiß. Der Therapeut wird zum Advokaten für das Kind, und die Geschichten über den bösen Vater eskalieren.

Heutzutage werden Kinder in der Schule über sexuellen Mißbrauch aufgeklärt, und für Eltern sind Broschüren zugänglich, in denen zum Beispiel steht: „Wenn das Kind den Vater nicht besuchen will, kann sexuelle Mißhandlung die Ursache sein." In der fragilen Zeit der Scheidung liegt es für Mutter und Kind auf der Hand, den Vater des sexuellen Mißbrauchs zu beschuldigen. Untersuchungen zeigen, daß bis zu 50 Prozent dieser Anklagen bei Scheidung falsch sein können[12].

Wie häßlich ein solcher Fall sein kann, wenn die beigezogenen Fachleute dazu noch viele Fehler machen, zeigt der bekannte amerikanische Scheidungsprozeß von Morgan versus Foretich[13], zweier Chirurgen, die um ihr Kind stritten:

Die Mutter, die öffentlich verkündete, daß nur Mütter fähig seien, Kinder aufzuziehen, verhinderte schon gleich nach der Geburt von Hilary den Kontakt zum Vater. Sie bekam schließlich das Sorgerecht, und der Vater konnte Hilary jedes zweite Wochenende besuchen. Als das Kind zwei Jahre alt war, antwortete es auf die Frage ihrer Babysitterin, wer es an der Vagina berührt habe, daß „Papa Sand daraus genommen hatte". Obwohl das Kind den mütterlichen Großvater „Papa" nannte, war diese Auskunft der Beweis für die Mutter, daß Hilary vom Vater sexuell mißbraucht worden war. Untersuchungen, und davon viele einseitige, wurden durchgeführt, und Hilary wurde in eineinhalb Jahren 87mal über den Mißbrauch interviewt! Morgan ging so weit, daß sie nun auch die väterlichen Großeltern beschuldigte, sowohl mit deren Sohn als auch mit der Enkelin Sex zu haben. Der Vater hatte Hilary bisher immer im Beisein seiner Eltern gesehen, um sich zu schützen. Das Kind zeigte nur in Gegenwart der Mutter Verhaltensprobleme und genoß den Kontakt zum Vater: Vor der Übergabe schrie und tobte es bei der Mutter. Bei der Fahrt zum Vater faßte sich Hilary und gab sich dann beim ihm unbeschwert. Wieder bei der Mutter, hatte sie Weinkrämpfe.

Der Richter schenkte schließlich den Untersuchungen Glauben, die den Mißbrauch verneinten, und gab dem Vater Umgangsrecht. Die mütterlichen Großeltern „verschwanden" daraufhin mit Hilary, und die Mutter wurde wegen Nichtbefolgen des Gerichtsentscheides ins Gefängnis gesteckt. Zwei Jahre später wurde die Mutter freigelassen, und Hilary wurde in Neuseeland mit den Großeltern gefunden. Der Vater gab auf, und die Mutter lebt nun mit Hilary in Neuseeland. Ob Hilary vom Vater mißbraucht worden ist oder nicht, für Hilary ist es eine Realität, daß ihr Vater und ihre väterlichen Großeltern ihr Schreckliches angetan haben. An der ganzen Sache verdienten Anwälte und Gutachter über zwei Millionen Dollar.

Oft ist in solchen Fällen die Mutter nicht zur Mediation bereit. Falls diese aber trotzdem zustande kommt, wird der Mediator versuchen, die Ansichten der Eltern zu erweitern, bis eine Sichtweise gefunden wird, mit der beide leben können. Eine solche Lösung erweist sich aber in diesen Situationen als schwierig, denn wir Menschen neigen dazu, das zu sehen, was in unser Weltbild paßt, und das andere entweder so zu interpretieren, daß es wieder in unsere Sichtweise paßt, oder es gar nicht wahrzunehmen.

Wenn die Mediation nicht zustande kommt oder mißlingt, können Sie folgendes tun:

Wenn Sie vermuten, daß die Mutter Ihnen das Kind entfremdet, können Sie das Beste aus dieser Situation machen, indem Sie einen neutralen Gutachter aufsuchen, der das Eltern-Entfremdungssyndrom kennt. Wie Sie einen Gutachter finden, können Sie im Kapitel „Die Sorgerechtsuntersuchung" erfahren. Versuchen Sie gerichtlich zu verhindern, daß die Mutter das Kind durch einseitige Untersuchungen und von Therapeut zu Therapeut schleppt. Einigen Sie sich auf einen für beide akzeptablen Therapeuten, und bleiben Sie in die Therapie involviert. Versuchen Sie, das Kind weiterhin zu sehen, damit es Sie persönlich und nicht nur durch die Brille der Mutter erleben kann. Vielleicht müssen Sie sich vorerst mit „begleitetem Umgangsrecht" abfinden, damit der Schutz des Kindes gewährleistet bleibt.

Wenn Sie trotzdem verlieren und noch die Kraft und finanziellen Mittel haben, verlangen Sie erneut ein neutrales Gutachten. Wenn Sie dieses wiederum verlieren, ist es wahrscheinlich für das Kind besser, daß Sie sich mit dem, was Sie bekommen haben (z. B. begleitetes Umgangsrecht), abfinden. Teilen Sie dem Kind aber immer wieder mit, daß Sie es lieben und zu ihm stehen, und werden Sie nicht entmutigt durch seinen Haß Ihnen gegenüber. Hoffentlich wird das Kind als Teenager den Kontakt zu Ihnen wieder suchen, um Sie neu kennenzulernen.

Als Mutter in dieser Situation sind Sie sich wahrscheinlich nicht bewußt, welche Folgen Ihr Zutun hat. Sie sind um die Sicherheit Ihres Kindes besorgt und wollen mit allen Mitteln dafür sorgen, daß es ihm gutgeht. Sie können ihm dadurch helfen, indem Sie einseitige Gutachten und Therapien vermeiden, nichts Schlechtes über den Vater sagen, mit ihrem eigenen Leben fortfahren und einen Freundeskreis pflegen und indem Sie sich mit dem Bescheid des ersten oder zweiten Gutachtens abfinden, auch wenn es nicht Ihre Sichtweise vertritt.

Die Sorgerechtsuntersuchung

Vielleicht sind Sie in der Situation, daß Ihnen Ihr Anwalt eine Sorgerechtsuntersuchung empfiehlt oder der Richter eine anordnet, da das Gespräch mit dem anderen Elternteil und die Mediation zu keiner Lösung geführt haben. Sie wollen einem Sachverständigen die Entscheidung überlassen mit der Hoffnung, daß er Ihre Familie richtig beurteilt und zu einer fairen Entscheidung kommt. Dies bedeutet für Sie, daß er Ihre Meinung vertritt, und für den anderen Elternteil, daß er zu dessen Meinung gelangt. Oftmals empfiehlt der Gutachter aber etwas dazwischen, und so sind beide unzufrieden.

Zu 90 Prozent folgt der Richter den Empfehlungen des Gutachters. Es ist also wahrscheinlich, daß die Entscheidung des Sachverständigen einen großen Einfluß auf Sie und Ihre Kinder haben wird. Wichtig ist daher die Wahl des Gutachters. Informieren Sie sich bei Ihrem Anwalt, bei Freunden und Bekannten oder beim Gutachter selbst, wieviel Erfahrung er auf diesem Gebiet hat und welche Sorgerechtsempfehlungen er häufig macht. Wenn er beispielsweise ein Gutachter ist, der dogmatisch daran glaubt, daß Kinder zu ihrer Mutter gehören und das gemeinsame Sorgerecht schädlich für die Kinder ist, sollten Sie als Vater beim Richter Einspruch gegen diese Wahl erheben. Beide Eltern sollten mit der Wahl des Gutachters einverstanden sein; sonst können Sie damit rechnen, daß der andere Elternteil die Angelegenheit nicht ruhen läßt und das Kind nochmals von einer anderen Person interviewt wird.

Eine Untersuchung ist „einseitig", wenn ein Gutachter nur einen Elternteil und das Kind untersucht und daraufhin eine Sorgerechtsempfehlung gibt. Einseitige Gutachten gelten als unethisch, doch gibt es immer wieder Fachleute, die um des Geldes willen ein einseitiges Gutachten erstellen. Ihrem Anwalt sollte es gelingen, den Richter zu überzeugen, daß er dieses Gutachten als nicht zulässig oder wenigstens als voreingenommen einstuft. Einseitige Gutachten, deren Beobachtungen darauf beruhen, daß der Elternteil eine gute Beziehung zum Kind hat, aber zu keiner Sorgerechtsempfehlung kommen, haben mehr Gewicht, aber dennoch weniger als ein neutrales Gutachten. Eine einseitige Untersuchung führt oft dazu, daß die andere Partei auch eine unternimmt. Die beiden „Experten" streiten sich dann vor Gericht, bis der Richter schließlich eine neutrale Untersuchung anordnet. Für die Kinder bedeutet dies, daß sie nutzlos antreten müssen, was streßreich und mit Angst verbunden sein kann. Dieser Weg schadet auch Ihrem Geldbeutel.

● Informieren Sie sich darüber, ob der Gutachter so neutral wie möglich vorgeht. Er sollte beide Elternteile in Einzelgesprächen sehen und die Beziehung der Kinder mit beiden beobachten. Hausbesuche sind aufschlußreich, werden aber nicht immer durchgeführt. Wenn der Gutachter mit den Kindern Einzelgespräche führt, sollte dies neutral erfolgen, indem einmal der Vater mit dem Kind kommt und das andere Mal die Mutter. Kinder können sich nämlich in verschiedenen Situationen ganz anders verhalten, und es kann vorkommen, daß sie schlecht über den Vater sprechen, wenn die Mutter sie bringt, aber ganz gelöst und herzlich mit dem Vater umgehen, wenn er sie zum Gespräch bringt.

- Erscheinen Sie pünktlich zum Gespräch, und achten Sie darauf, daß Sie und die Kinder zwar sauber und gepflegt, aber nicht herausgeputzt wirken.

- Vermeiden Sie im Gespräch zornige Ausbrüche über Ihren Expartner, und bringen Sie Ihre Bedenken so sachlich wie möglich vor. Beschreiben Sie, wie sich das Verhalten des anderen Elternteils auf Ihr Kind auswirkt, und erwähnen Sie auch gute Eigenschaften. Es liegt im Interesse des Kindes, daß es Kontakt und Zugang zu beiden Elternteilen hat, und wenn Sie den Eindruck erwecken, daß Sie dies verhindern wollen, spricht das gegen Sie. Der Betreuungsplan, den Sie vorschlagen, sollte daher vernünftig sein und dem Kind Kontakt mit beiden Elternteilen erlauben. Falls Sie ein begleitetes Umgangsrecht vorschlagen, halten Sie Ideen bereit, wie dies durchgeführt werden kann. Beispielsweise besprechen Sie vorher mit den Großeltern, ob sie bereit sind, mit dem anderen Elternteil und dem Kind zusammenzusein.

- Trichtern Sie dem Kind nicht ein, was es sagen soll. Ein erfahrener Gutachter findet das heraus, und es spricht gegen Sie. Sie können Ihrem Kind erklären, daß der Gutachter möchte, daß es allen nach der Scheidung gutgeht. Er möchte daher herausfinden, wann das Kind beim Vater und wann es bei der Mutter leben soll. Deshalb möchte er auch mit dem Kind sprechen, und es sollte die Fragen so wahrheitsgetreu wie möglich beantworten.

- Nach dem Gespräch mit dem Kind versuchen Sie nicht mit allen Mitteln herauszufinden, was es gesagt hat. Verhalten

Sie sich offen, so daß das Kind mit Ihnen darüber reden kann, wenn es will.

● Der Gutachter wird Sie wahrscheinlich bitten, ihm Namen von Leuten zu geben, die sich zu dieser Sache äußern können. Dabei werden die Meinungen von Freunden geringer bewertet (der Gutachter weiß ja schon von vornherein, daß Freunde Ihre Position unterstützen werden) als die Beobachtungen des Arztes, des Babysitters, der Lehrerin oder der Polizei.

● Falls Sie psychologische Tests ausfüllen müssen, tun Sie das so ehrlich wie möglich. Viele Tests enthalten Fragen, die dem Gutachter zeigen, daß die getestete Person sich auf Kosten der Wahrheit so günstig wie möglich darstellen möchte.

● Rechnen Sie damit, daß Sie etwas gewinnen und etwas verlieren. Falls Sie wirklich nicht mit dem Bescheid des Gutachters leben wollen, wird der Richter das weitere Vorgehen bestimmen: ob noch einmal ein Gutachten durchgeführt wird, ob es zum Prozeß kommt oder ob Sie mit dem Gerichtsurteil leben müssen. Denken Sie daran, daß erfahrene Gutachter und Richter den kämpferischen und kompromißlosen Elternteil für das Kindeswohl eher schädlich finden.

Wie kann ich meinem Kind durch die Scheidung helfen?

Die Scheidungsforschung zeigt eindeutig, daß es Kindern besser geht[1,2,14], wenn

● die Eltern nicht streiten
● sie miteinander kooperieren
● jeder Elternteil die Beziehung des Kindes zum anderen unterstützt
● beide die Scheidung akzeptieren und ein eigenes Leben aufbauen
● die Eltern eine gute Beziehung zum Kind haben

- beide für das finanzielle Wohlergehen des Kindes sorgen
- die Eltern das Kind vor zusätzlichen Veränderungen bewahren.

Wenn Sie diese sieben Punkte befolgen (einfach gesagt, nicht wahr?), ist es wahrscheinlich, daß Ihr Kind gestärkt aus der Krise hervorgeht. Verzeihen Sie sich, wenn Sie nicht perfekt sind. Wir Menschen lernen in der Lebensschule, während wir unser Bestes tun.

Nicht streiten
- Befolgen Sie die in Kapitel 2 und 4 erwähnten Kommunikationsstrategien.
- Seien Sie ein gutes Vorbild für Ihr Kind, und lösen Sie Konflikte nicht durch Streiten.

Möglichst gut kooperieren
- Versuchen Sie, in Erziehungsmethoden, über die Sie verschiedene Meinungen haben, eine Einigung zu erzielen. Denken Sie daran, daß Kinder flexibel sind und sich auf zwei Haushalte mit verschiedenen Regeln einstellen können. Versuchen Sie, sich nicht in den anderen Haushalt einzumischen.
- Benutzen Sie das Kind nicht als Boten, um Informationen zu übergeben, und nicht als Spion, um zu erfahren, was der andere tut.

Die Beziehung des Kindes zum anderen Elternteil unterstützen
- Reden Sie nicht schlecht über den anderen Elternteil. Falls Ihnen das unmöglich scheint, versuchen Sie so wenig wie möglich zu sagen. Teilen Sie dem Kind mit, daß es andere Gefühle als Sie für den anderen Elternteil haben kann und soll.
- Vergleichen Sie das Kind nicht mit dem anderen Elternteil, auch wenn es Ähnlichkeiten mit ihm hat, die Ihnen gar nicht gefallen.

- Vermitteln Sie dem Kind nicht, daß der andere Elternteil schuld an seinen und Ihren Problemen ist.
- Verlangen Sie nicht, daß sich das Kind für Sie entscheiden oder Sie mehr lieben soll.
- Versichern Sie dem Kind, daß es den anderen Elternteil lieben darf. Lassen Sie es Gutes über ihn erzählen.
- Ermutigen Sie das Kind, seine Probleme mit dem anderen Elternteil bei diesem selbst zu lösen.

Die Scheidung akzeptieren und ein eigenes Leben aufbauen
- Verwenden Sie die Zeit, in der das Kind beim anderen Elternteil ist, für sich. Sie können nun endlich die Dinge unternehmen, die Sie schon lange tun wollten und für die Sie bisher keine Gelegenheit fanden.
- Ihr Kind wird sich nicht schuldig fühlen, wenn es sieht, daß Sie ein eigenes Leben mit Freunden und Aktivitäten führen, die Ihnen gefallen.
- Vermeiden Sie es, im Kind einen Ersatzpartner zu sehen. Sie sind der Erwachsene, und das Kind soll ein Kind bleiben dürfen.

Eine gute Beziehung zum Kind haben
- Unternehmen Sie erfreuliche Dinge zusammen. Beschäftigen Sie sich mit jedem Kind auch einzeln.
- Lassen Sie das Kind altersentsprechende Hausarbeiten tun. Es soll aber nicht die Rolle des abwesenden Elternteils übernehmen. Sie sollten es auch nicht „schonen", indem es auf der faulen Haut liegen darf. Dies ist eine Chance, Teamwork zu lernen, was dem Kind später in seiner eigenen Ehe zugute kommen wird.
- Verwöhnen Sie das Kind nicht nach Strich und Faden. Kinder brauchen Grenzen. Lesen Sie Bücher über Elternschaft und Erziehung.
- Besprechen Sie mit dem Kind, was es beschäftigt, und lassen Sie es seine Gefühle ausdrücken.
- Lassen Sie dem Kind sein eigenes Leben. Besuchen Sie

Großeltern und andere Verwandte. Das Kind findet vielleicht eine Vertrauensperson in seiner Lieblingstante, und der Onkel kann als Vorbild dienen. Lassen Sie es bei Freunden übernachten. Es erlebt so andere Lebensstile und erweitert seinen Horizont. Nächtliche Gespräche mit einem Freund können ihm viel bringen.

Für das finanzielle Wohlergehen des Kindes sorgen
● Bezahlen Sie regelmäßig den Kindesunterhalt.

Dem Kind nach Möglichkeit weitere Veränderungen ersparen
● Scheidung ist eine Zeit des Umbruchs. Behalten Sie also für das Kind soviel wie möglich Lebensgewohnheiten bei, wie Essens- und Bettgehzeiten, was ihm Sicherheit vermittelt.
● Ermutigen Sie das Kind, mit seinen Aktivitäten, wie Fußballspielen oder Pfadfinderei, fortzufahren.
● Belassen Sie Ihr Kind nach Möglichkeit in derselben Schule und Umgebung.
● Stellen Sie Ihrem Kind nur ernsthafte neue Bekanntschaften vor.

Wie Sie Ihrem Kind je nach Alter helfen können[2, 15]

Schon Säuglinge bemerken, wenn sich etwas ändert, und reagieren vielleicht mit vermehrtem Weinen, Schlaf- oder Essensstörungen. Gleich nach dem Auszug eines Elternteils sollte Kontakt mit ihm aufgenommen werden. Indem Sie die Lebensgewohnheiten beibehalten und versuchen, selbst ausgeglichen zu sein, können Sie ihm helfen, diese Zeit durchzustehen.

Kleinkinder haben ein egozentrisches Weltbild: Alles dreht sich um sie. Sie denken daher oft, daß sie die Scheidung verschuldet haben und versuchen, ganz brav und gut zu sein. Für sie ist es deshalb besonders wichtig, daß sie oft hören, daß sie die Scheidung nicht verursacht haben und die Eltern auch nicht wieder zusammenbringen können. Das Kleinkind denkt vielleicht, daß der Elternteil, der ausgezogen ist, seinetwegen gegangen ist, da er es möglicherweise nicht mehr liebt. Es sollte also sofort Kontakt mit beiden Elternteilen haben und von beiden bestätigt bekommen, daß es geliebt wird. Kleinkinder reagieren oft mit Regression: Sie brauchen beispielsweise wieder Windeln, werden anhänglich, lutschen am Daumen oder werden aggressiv. Haben Sie Geduld!

Kinder im Schulalter verstehen die Scheidung schon besser. Daher werden sie manchmal auf Sie wütend, weil sie glauben, Sie seien dafür in der Familie verantwortlich. Sie machen sich Sorgen, was aus der Familie wird: Werden sie eine Stiefmutter, einen Stiefvater und weitere Geschwister bekommen? Oftmals geraten sie in Loyalitätskonflikte bezüglich der Eltern. Zeigen Sie Verständnis für ihre Gefühle. Informieren Sie den Lehrer über die Scheidung, und halten Sie Kontakt zu ihm. Passen Sie aber auf, daß Sie beide nicht nach Problemen der Kinder suchen und dann auch welche finden. Untersuchungen zeigen, daß Lehrer, die keine guten Leistungen von einem Schüler erwarten, ihn unterfordern[16]. Achten Sie darauf, ob sich die Kinder vielleicht wegen der Scheidung schämen und von den Spielkameraden zurückziehen. Ermutigen Sie sie, mit den Freunden zu reden.

Teenager reagieren bei Scheidung oft mit Zorn, Trauer und Scham. Sie lösen Loyalitätskonflikte, indem sie sich von den Eltern distanzieren und mehr Kontakt mit Gleichaltrigen suchen. Unterstützen Sie diese Kontakte, behalten Sie aber ein Auge auf Ihren Teenager. Vernachlässigen Sie nicht vernünftige Ausgangsbeschränkungen und Regeln. Junge Menschen machen sich Gedanken über eine eigene Ehe und wollen vielleicht gar nicht heiraten. Sie setzen sich mit der Sexualität auseinander, und es ist ihnen peinlich, wenn sie sehen, daß Eltern sexuelle Bedürfnisse haben. Versuchen Sie im Gespräch mit Ihrem Kind zu bleiben, und erkennen Sie seine Gefühle der Scham an.

Wie Sie Ihrem Kind je nach Geschlecht helfen können

Untersuchungen zeigen, daß Jungen die Scheidung schwerer nehmen als Mädchen, vielleicht deshalb, weil es meistens der Vater ist, der den Haushalt verläßt[1]. Sie zeigen ihre Wut deutlicher als Mädchen und fallen in der Schule durch Aggressivität mehr auf. Wenn Jungen aber viel Kontakt mit ihrem Vater haben, z.B. beim gemeinsamen Sorgerecht, und die Einstellung der Mutter zum Vater nicht negativ ist, passen sie sich besser an die Situation nach der Scheidung an. Falls Kontakte zum Vater nicht möglich sind, können andere männliche Vorbilder das Kind positiv beeinflussen.

Braucht mein Kind eine Therapie?

Vergessen Sie alle Vorurteile, wie das Kind auf die Scheidung reagieren wird. Es könnte sich um selbsterfüllende Prophezeiungen handeln. Starten Sie von neuem! Erinnern Sie sich daran, daß Ihre Kinder seit Geburt ihre Phasen und Macken hatten, die wieder vorbeigegangen sind. Geben Sie nicht bei allen Schwierigkeiten der Scheidung schuld.

Wenn das Kind aber nach der akuten Krisenzeit weiterhin Probleme zeigt, ist es vielleicht angemessen, fachmännische Hilfe aufzusuchen. Die Symptome können unter anderem sein:

- Das Kind zeigt schlechtere Schulleistung.
- Es verliert Freunde wegen seiner Aggressivität.
- Das Kind zieht sich zurück und zeigt keine Freude an Aktivitäten, die es früher gemocht hat. Es hat Depressionen.
- Das Kind hat Wut- und Trotzanfälle.
- Es leidet unter Einnässen.
- Das Kind hat Schlafstörungen.
- Es hat psychosomatische Störungen wie Kopf- und Bauchschmerzen.
- Das Kind hat Angstzustände und kann sich kaum von Ihnen trennen.

Eltern können zuerst ihren Hausarzt aufsuchen. Dieser kennt die Familiengeschichte und das Kind und genießt meistens das Vertrauen beider Elternteile. Er kann auch feststellen, ob die Symptome physische Ursachen haben oder nicht. Vielleicht empfiehlt er Ihnen eine Therapie.

Den Eltern und dem Kind ist es vielleicht peinlich, einen Therapeuten aufzusuchen. Sie nehmen es als Zeichen des Versagens oder glauben sogar, daß sie „abnormal" sind. Doch in Therapie zu sein, heißt nicht, daß man „verrückt" ist. Man bemerkt keinen Unterschied zwischen der Nachbarschaftsfamilie und der Familie in Therapie. In der Therapie hilft eine außenstehende Person, die einen anderen Blickwinkel hat, der Familie, ein Hindernis zu überwinden, so daß sie wieder mit einem Rucksack weniger ihren Lebensweg weitergehen kann. Wenn man die Therapie als Hilfe bei einem Übergang benutzt, dauert sie nicht über Jahre. Wenn Sie aber nach einiger Zeit keinen Fortschritt bemerken, ist es wahrscheinlich besser, das Problem anzusprechen und eventuell die Therapie abzubrechen, um sich bei einem anderen Therapeuten noch einmal eine Chance zu geben.

Meistens hilft es dem Scheidungskind, wenn der Therapeut beide Elternteile in die Therapie einbezieht, obwohl sie geschieden sind. Wie wir gesehen haben, kommt es vor allem auf die Eltern an, wie das Kind mit der Scheidung umgeht. Themen können sein, wie die Eltern das Kind erziehen, wie sie miteinander kooperieren und wie sie mit den eigenen Schwierigkeiten umgehen. Wenn die Elternteile auf gar keinen Fall zusammenkommen wollen, kann sie der Therapeut zu Einzelgesprächen einladen.

Für das Kind ist die Therapie oftmals ein Ort des Friedens, wo es sich vom Schlachtfeld des Scheidungskrieges erholen kann. Es kann sich aussprechen und Strategien diskutieren, um sich „draußen" besser zu behaupten. Vielleicht kann es mit Hilfe des Therapeuten das Gespräch zu seinen Eltern finden.

Lassen Sie sich durch finanzielle Sorgen nicht aufhalten. Es gibt viele Therapieangebote, die ihren Preis den finanziellen Mitteln der Familie anpassen. Vielleicht kennen Sie jemanden, der Erfahrung mit Therapie hat und Ihnen jemanden empfehlen kann. Vergleichen Sie die in Kapitel 2 genannten Adressen.

Weiterführende Literatur

Faber, Adele, Mazlish, Elaine (1989): Nun hör doch mal zu! Elternsprache, Kindersprache. München: Knaur.
Gasser, W., Haber, C., Rey-Bellet, M. (1993): Meine Eltern trennen sich. Zürich: Pro Juventute.
Ricci, Isolina (1992): Mutters Haus, Vaters Haus. München: Piper.

Bücher, die Sie mit Ihren Kindern zusammen lesen können:
Britt, I. (1985): Ich brauche Euch doch beide. Frankfurt/Main.
Krasny Brown, L., Brown Carlsen, M. (1988): Scheidung auf Dinosaurisch. Ein Ratgeber und Bilderbuch für Kinder und Eltern. Reinbek.
Maar, N., Ballhaus, V. (1988): Papa wohnt jetzt in der Heinrichstraße. Lohr: Verlag modus vivendi.
Peter, Max, Krauss, Friderike (1995): Das Geheimnis des Regenbogens. Zürich: Pro Juventute.

Bücher für Ihren Teenager:
Chidolue, D. (1985): Lady Punk. Weinheim: Beltz-Verlag.
Friesel, U. (1983): Jeden Tag Spaghetti. Reinbek.
Naumann, F. (1986): Den Vater denk ich mir. Reinbek.
Nöstlinger, C. (1981): Gretchen Sackmeier. Hamburg: Ötinger.
Uebe, I. (1989): Die Zeit, als Papa kochen lernte. Würzburg: Arena.

6. Die Scheidungsmediation der Finanzen

Eine Scheidung ist nicht nur emotionell schwierig, sie kann auch finanziell eine Belastung sein[1,2,3]. Oft ist nicht genug Geld vorhanden, um nun zwei Haushalte mit dem gleichen Einkommen zu unterhalten. Viele Haushaltskosten sind fix, und wenn ein Ehepartner auszieht, vermindern sich die Kosten nicht allzu sehr. Eine wichtige Frage bei einer Scheidung ist daher, wie die finanziellen Mittel der Ehe aufgeteilt werden können, damit die Familie optimal weiterleben kann.

Weiterhin müssen Vermögen und Schulden aufgeteilt werden. Eine solche Aufteilung kann sehr gefühlsbeladen sein, weil man sich doch von vielem trennen muß.

Es stehen schwierige Entscheidungen in einer schwierigen Zeit an. Vielleicht wollen Sie lieber auf den letzten Pfennig verzichten und dafür Ihren Frieden haben. Trotzdem sollten Sie nicht zuviel nachgeben aus dem Wunsch nach Frieden oder wegen Schuldgefühlen oder damit die Scheidung schneller über die Runden geht. Sie werden es vielleicht später bereuen. Versuchen Sie andererseits auch nicht, von Rache geleitet zu werden, es ihm oder ihr zu zeigen. Das kommt teuer zu stehen, für die Geldbörse und für den Seelenfrieden. Überlegen Sie sich, ob der Gewinn größer ist als die Gerichtskosten, um einen eventuellen Sieg zu erringen. Richter tun sicherlich ihr Bestes, fair und neutral zu urteilen. Trotzdem können sie Vorurteile und Antipathien gegen einen der Partner haben. Sie kennen vor allem Ihre Familie nicht so gut wie Sie. Wenn Sie sich selbst einigen können, so finden Sie bestimmt die besseren Lösungen. Dazu bietet Ihnen die Mediation einen idealen Rahmen. Zudem können Sie das Geld für sich und Ihre Kinder einsetzen, was Ihnen allen den Übergang ins neue Leben erleichtern wird.

Was können Sie tun, um die besten Entscheidungen bezüglich Ihrer finanziellen Situation zu treffen?

- Sorgen Sie gut für sich! Je besser Sie sich vom Scheidungsstreß erholen, desto kreativere Entscheidungen können Sie treffen. Lesen Sie in Kapitel 4, wie Sie mit Ihren Emotionen umgehen können. Übrigens fühlen Sie sich auch besser, wenn Sie selbst die Entscheidungen treffen!
- Organisieren und informieren Sie sich! Falls Sie sich bisher kaum um die Finanzen gekümmert haben, gibt es nun für Sie viele Herausforderungen. Haben Sie sich aber einmal einen Überblick über Ihre Finanzen geschaffen, entwickeln Sie mehr Selbstvertrauen und möchten Ihr Wissen nicht mehr missen.

Behandeln Sie Ihre finanzielle Scheidung als ein Geschäft, und führen Sie gut Buch. Behalten Sie für alles Schriftliche eine Kopie. Machen Sie sich Notizen über Telefongespräche, und führen Sie eine Liste mit allen Fragen, die nach und nach auftauchen.

Damit Ihre finanzielle Scheidung gelingt, müssen Sie wissen, was Ihr Haushalt bislang gekostet hat, welche Kosten Sie für Ihren neuen Haushalt erwarten und wieviel Vermögen und Schulden Sie haben.

Beginnen Sie damit, die folgenden Arbeitsblätter auszufüllen. Dies mag für Sie langweilig oder umständlich sein. Sie brauchen aber die Informationen, um die Folgesachen Ihrer Scheidung zu organisieren und zu analysieren.

Praktische Ratschläge zum Ausfüllen der Arbeitsblätter

- Kopieren Sie die Arbeitsblätter, bevor Sie sie ausfüllen, damit Sie immer eine leere Kopie für Verbesserungen haben.

- Streichen Sie Fragen, die nicht auf Sie zutreffen.
- Beide Partner sollten einander helfen, die Informationen zu beschaffen, aber beide sollten die eigenen Arbeitsblätter ausfüllen. Sie brauchen unter anderem alte Rechnungen, Bankauszüge und Steuerrechnungen, um ihre Ausgaben zu berechnen. Vielleicht müssen Sie sich telefonisch erkundigen, um zum Beispiel Ausgaben für die Krankenkasse zu erfahren.
- Seien Sie realistisch beim Ausfüllen der Arbeitsblätter. Sie schaffen keine gute Basis zur Kooperation, wenn Sie die Arbeitsblätter dazu benutzen, ihre Lebenskosten aufzublähen und Ihr Vermögen zu schmälern.

Das Budget

Sie brauchen das Budget, um Ehegatten- und Kindesunterhalt zu berechnen. Es werden die monatlichen Kosten berechnet. Wenn Sie also 1200 DM jährlich für die Autoversicherung bezahlen, schreiben Sie die monatlichen Kosten auf, in diesem Fall 100 DM. Erstellen Sie zuerst ein Budget für Ihre Haushaltskosten, und schreiben Sie die Kosten auf, die die Kinder verursachen. Beispielsweise brauchen Sie 500 DM für das Essen (1. Reihe), und davon schätzen Sie, daß die Kinder 200 DM verbrauchen (2. Kolumne). Auch wenn die Kinder nur jedes zweite Wochenende bei Ihnen sind, schreiben Sie die entsprechenden Kosten auf. Wenn Sie zum Beispiel in einer Vierzimmerwohnung anstatt einer Dreizimmerwohnung leben, damit die Kinder ihr eigenes Schlafzimmer haben, finden Sie den Unterschied in der Miete heraus, und notieren Sie ihn in die zweite Reihe.

Beim ersten Budget, das Sie entwerfen, werden wohl die Ausgaben das Einkommen weit übertreffen. Dann geht es darum, Wege zu suchen, die Ausgaben zu kürzen oder/und das Einkommen zu erhöhen. Seien Sie darauf vorbereitet, Änderungen in Ihrem Lebensstil vornehmen zu müssen. Vielleicht können Sie nicht mehr so oft zum Friseur gehen oder müssen sich eine (weitere) Arbeitsstelle suchen.

Arbeiten Sie zuerst an Ihrem Budget, und seien Sie sorgfältig. Ihr Ehepartner wird hoffentlich dasselbe tun. Wenn Sie beide mit der Berechnung des Budgets des anderen beginnen (das sicher einfacher zu reduzieren ist), ist ein Streit vorprogrammiert.

Sie können verschiedene Budgets auf den Arbeitsblättern erarbeiten, so daß Sie mehrere Möglichkeiten bei der Verhandlung haben. Sie werden auch die Konsequenzen für Ihr Budget schneller erkennen, die Ihnen Ihr Partner vorschlägt.

Wenn Sie wissen, was Sie haben und brauchen, informieren Sie sich, was Ihnen rechtlich ungefähr zusteht. Danach müssen Sie entscheiden, welche Interessen Sie haben: Was an Ihrem Vermögen ist Ihnen besonders wichtig? Welche Interessen hat Ihr Partner? Welche Lösungsmöglichkeiten gibt es? Listen Sie alle auf, ohne sie vorerst zu problematisieren. Der Mediator kann vielleicht noch einige Vorschläge aus seiner Erfahrung hinzufügen. Schließlich können Sie sich auf die beste Lösung einigen. Im folgenden sollen Anliegen bezüglich der finanziellen Folgesachen, die häufig in der Mediation vorgebracht werden, diskutiert werden.

Monatliches Budget für . . . .

Einkommen

	HAUSHALT	KINDER
Gehalt netto	. . . .	. . . .
1/12 Weihnachts-/Urlaubsgeld	. . . .	. . . .
Kindergeld	. . . .	. . . .
Zinsen	. . . .	. . . .
Steuerrückerstattungen	. . . .	. . . .
. . . .	. . . .	. . . .
. . . .	. . . .	. . . .
TOTAL	. . . .	. . . .

Ausgaben

	HAUSHALT	KINDER
Miete/Hypothek	....	....
Nebenkosten	....	....
Telefon	....	....
Autokosten/ öffentlicher Verkehr	....	....
Haushalt	....	....
Essen	....	....
Restaurants	....	....
Kleidung	....	....
Persönliches	....	....
Freizeit	....	....
Versicherungen	....	....
Ausbildung	....	....
Urlaub	....	....
Schulden/Rückzahlungen	....	....
Zeitungen/Magazine	....	....
Geschenke	....	....
Spenden	....	....
Mitgliederbeiträge	....	....
....	....	....
....	....	....
....	....	....
TOTAL	....	....

Vermögen aus der Ehe ....

Haus/Eigentumswohnung:

Adresse	Kaufdatum	Kaufpreis	jetziger Wert
....			
....			
....			

	Anzahlung	Hypothek	Titel im Namen
Ehemann	....	....	....
Ehefrau	....	....	....
Vermögenswert	....	....	....

Bankkonten

Typ   Wo?   Im Namen von   Saldo zur Zeit der Trennung

....

....

....

Wertpapiere

Typ   Wo?   Im Namen von   Wert zur Zeit der Trennung

....

....

....

Rente/Pension

Typ   Wo?   Im Namen von   Wert zur Zeit der Trennung

....

....

....

Lebensversicherung

Typ   Wo?   Im Namen von   Wert zur Zeit der Trennung   Empfänger

....

....

....

Geschäftsvermögen

Erklären Sie, ob ein Ehegatte Anteil an einem Geschäft haben soll und ungefähr wieviel:

....

....

....

Ausbildung

Berichten Sie, ob ein Ehegatte während der Ehe in Ausbildung war, wer dafür bezahlt hat und ob dadurch das Einkommen gesteigert werden konnte:

....

....

....

124

Hausrat

Beschreiben Sie, was für Sie besonders finanziellen oder emotionalen Wert hat, und kategorisieren Sie die Sachen unter Möbel, Elektronische Geräte, Bücher, Geschirr, Haustiere, etc.

....
....
....

Beschreibung	Wert	Wer besitzt es? (Frau, Mann, gemeinsam)
....	....	....
....	....	....
....	....	....
....	....	....
....	....	....
....	....	....
....	....	....

Autos

Marke	Im Namen von	Jahr	Wert	Betrag geschuldet	Bezahlt von
......	......	......	......	......	......
......	......	......	......	......	......
......	......	......	......	......	......

Schulden

Kreditor	Betrag	Wer machte die Schulden? (Frau, Mann, gemeinsam)
......	......	......
......	......	......
......	......	......

Der Kindesunterhalt

Bei einer Scheidung müssen oft Träume für die Kinder aufgegeben werden. Man kann sich vielleicht das Nintendo-Spiel zu Weihnachten nicht leisten oder muß das Auto zum Abitur vergessen. Man kann vielleicht die privaten Klavierstunden nicht mehr bezahlen und muß den Urlaub zuhause verbringen. Das tut besonders weh, weil man von Schuldgefühlen geplagt ist, den Kindern eine Scheidung zuzumuten. Als Ausgleich dafür würde man ihnen doch am liebsten alle Wünsche erfüllen!

Wenn man nicht zu den oberen Zehntausend gehört, ist es wahrscheinlich, daß man seinen Lebensstandard bei einer Scheidung reduzieren muß. Das gilt auch für die Kinder. Es tut ihnen nicht gut, wenn die Eltern ihnen zuliebe alles opfern. Kinder brauchen Eltern, die die Scheidung verarbeiten und einigermaßen mit ihrem Leben zufrieden sind.

Wenn Ihre Ausgaben beim ersten Budget die Einnahmen übertreffen und Sie Wege suchen müssen, die Ausgaben zu reduzieren, versuchen Sie zu unterscheiden, was die Kinder wirklich brauchen und was Sie für sie wünschen. Vielleicht müssen Sie die Kleider im Ausverkauf erwerben oder in eine kleinere Wohnung ziehen. Dies gefällt niemandem, es schadet aber auch nicht.

Es kommt manchmal vor, daß die Mutter hauptsächlich für die Kinder verhandelt und versucht, einen möglich hohen Kindesunterhalt zu erzielen. Der Vater zieht die Notbremse und bekommt den Ruf, geizig zu sein und die Kinder zu vernachlässigen. Er findet, sie zeige kein Verständnis für sein Leben, und ist überzeugt, daß sie die Kinder verwöhnt. Die Mutter erwähnt zu Hause, daß der Vater ihnen zu wenig Geld gibt, um das neue Fahrrad zu kaufen oder sie ins Ferienlager zu schicken. Die Kinder bestürmen dann den Vater an seinem Wochenende, ihnen doch Schuhe zu kaufen, die alle anderen Kinder in der Schule tragen. Der Vater kommt sich ausgebeutet, als „Zahlvater" vor, die Kontakte mit den Kindern laufen unbefriedigend, und sie sehen sich schließlich immer weniger.

In der Mediation können die Eltern zusammen die Entscheidungen treffen, wieviel für die Kinder ausgegeben werden soll. Sie einigen sich zum Beispiel, wie viele Kleider die Kinder haben sollen. Sie gehen daraufhin in Kaufhäuser, um sich über die Kosten zu informieren. So haben sie ein objektives Beurteilungskriterium.

Indem die Eltern zusammen erarbeiten, was die Kinder kosten und wieviel beide dazu beitragen können, wird der Kindesunterhalt als gemeinsames Problem erkannt, das sie beide lösen müssen. Wenn eine Einigung kaum möglich scheint, kann man zur Düsseldorfer Tabelle greifen. Wahrscheinlich wird sie den Bedürfnissen der Familie nicht gerecht, da es sich um eine Statistik handelt, die die individuelle Familie nicht berücksichtigt. Trotzdem dürften die Kinder letztlich mehr Geld erhalten, wenn sich die Eltern einigen, nach der Düsseldorfer Tabelle Kindesunterhalt zu bezahlen, anstatt Tausende von Mark in einen Kampf vor Gericht zu investieren.

Die Eltern können eine Klausel in den Mediationsvertrag aufnehmen, daß der Betrag für den Kindesunterhalt je nach Alter und Lebenskosten geändert werden soll, und daß sie wieder die Mediation aufsuchen werden, falls sie sich nicht selbst einigen können.

Der Ehegattenunterhalt

Dies kann eines der heißesten Themen bei einer Scheidung sein: Der Mann findet, daß die Frau zu wenig tat, zu wenig Sex gab und sich zu viel während der Ehe beklagte. Wenn sie nun unabhängig sein wolle, so solle sie es sein: Er brauche ihr keine Unterstützung zu bezahlen.

Die Frau hingegen braucht das Geld und hat meistens ein Recht darauf. Sie möchte aber nicht mehr von ihrem Mann abhängig sein. Vielleicht denkt sie auch, er solle für die Ungerechtigkeiten bezahlen, und sie verdiene es umso mehr, weil er sie verlassen hat.

Hätten doch die Verlobten diese Fragen vor ihrer Eheschließung diskutiert! Der Mann hätte vielleicht gesagt, er denke nicht daran, Ehegattenunterhalt im Falle einer Scheidung zu bezahlen. Die Frau hätte sich dann rechtzeitig zurückziehen oder weiter argumentieren können. Sie hätte vielleicht erwähnt, daß ohne Ehegattenunterhalt beide Partner alternierend kochen, Wäsche machen oder putzen müßten. Beide sollten abwechselnd von der Arbeit fernbleiben, wenn ein Kind krank wäre oder um zu Elternkonferenzen zu gehen. Dem Mann hätte dies vielleicht nicht gepaßt, da er sich voll in seine Karriere stürzen wollte und Haushaltsarbeiten nicht gerne verrichtete. Die zukünftige Ehefrau hätte dann zum Beispiel gesagt, daß sie sich gern ganz den Kindern widme, solange diese klein seien. Doch 40 Prozent der Ehen enden in Scheidung, und wenn die Frau mit der Arbeit aussetzt, wird es schwieriger für sie sein, wieder eine passende Stelle zu finden und ein gutes Einkommen zu haben. Sie braucht eine Garantie für den Fall einer Scheidung, wobei sie sicherlich hofft, daß ihre Ehe zu den bleibenden 60 Prozent gehört! Der Mann sieht das vielleicht ein, und sie können verhandeln, wie er sie für ihre Arbeit während der Ehe ausbezahlt, bis sie auf eigenen Füßen stehen kann. Falls sie zu keiner Übereinkunft kommen, wird die Ehe vielleicht gar nicht geschlossen.

Der Ehegattenunterhalt ist ein weiterer Aspekt des finanziellen Pakets. Er dient als Übergangslösung, damit die Frau finanzielle Unabhängigkeit erreichen kann.

Die Frau kann die Verhandlungen erleichtern, wenn sie sich über ihre Fähigkeiten und Pläne schon im klaren ist. Was möchte sie arbeiten, wann kann sie arbeiten, und welche Ausbildung braucht sie dazu? Hat sie die Scheidung eingeleitet, so hat sie sich wohl schon Gedanken darüber gemacht. Dauerte die Ehe länger oder sind die Kinder noch klein, so braucht sie wohl eine längerdauernde Unterstützung.

Dem Mann kann es dienen, wenn er die Vorteile des Ehegattenunterhalts für sich betrachtet: Eine verbitterte Ehefrau plant Rache, was sich meistens auf die Vater-Kind-Beziehung auswirkt. Die Kinder werden auf den Vater wütend, da er soviel besser lebt als sie und ihre Mutter, und betteln bei ihm um Geld. Die Frau kann den Mann jederzeit wieder vor Gericht bringen, was ihn viel Geld kostet. Der Mann befürchtet oft, daß die Frau sich nicht wiederverheiratet, weil sie so den Ehegattenunterhalt verliert. Doch hilft gerade der Ehegattenunterhalt der Frau, daß sie einen gerechten Lebensstandard haben kann, sie wird dadurch zufriedener und hat größere Chancen, einen neuen Lebenspartner zu finden. In der Mediation können die Partner diskutieren, was sie tun wollen, wenn die Frau mit einem Mann im Konkubinat zusammenlebt und für ihn den Haushalt führt.

Der Zugewinn

Um den Zugewinn auszurechnen, wird die Differenz des Anfangsvermögens bei der Eheschließung und des Endvermögens bei der Zustellung des Scheidungsantrages berechnet.

Nun haben die Partner am Tage des Endvermögens meistens schon über ein Jahr getrennt gelebt. Dies macht es noch schwieriger, über die finanziellen Verhältnisse des Partners Bescheid zu wissen. Zwar sind sie dazu verpflichtet, sich gegenseitig Auskunft zu erteilen. Aber was passiert, wenn man kein Vertrauen zueinander hat? Hilft es dann, daß der Partner die Richtigkeit seiner Angaben eidesstattlich versichert? Oder sollte man lieber einen Detektiv anstellen, der verstecktes Vermögen ausfindig machen soll oder herausfinden soll, ob der Ehemann beispielsweise seiner Geliebten ein teures Schmuckstück aus dem gemeinsamen Vermögen noch kurz vor dem Stichtag des Endvermögens schenkt?

Die Ehepartner können sich schlaflose Nächte, Unkosten und Emotionen sparen, indem sie einen früheren Stichtag gemeinsam bestimmen. Beispielsweise können sie vereinbaren, daß der Tag der eigentlichen Trennung für die Berechnung des Endvermögens gelten soll. Sie machen für diesen Tag eine Bestandsaufnahme und vereinbaren, daß spätere Vermögensveränderungen unberücksichtigt bleiben sollen. Zu diesem Termin können sie gemeinsame Bankkonten und Kreditkarten aufheben. Während der Ehe getroffene Vereinbarungen über den Zugewinnausgleich bedürfen allerdings der notariellen Form.

Das Haus/Die Eigentumswohnung

Der Besitz eines Hauses oder einer Eigentumswohnung ist oft die Erfüllung eines Traumes. Das Eigentum gibt Sicherheit und das Gefühl, daß es einem recht gutgeht. Das Verhandeln über das Haus ist daher oft recht schwierig.

Meistens möchte die Frau im Haus bleiben. Sie möchte den Kindern nicht noch mehr Veränderungen zumuten und weiterhin darin wohnen, wenigstens bis die Kinder erwachsen sind. Der Mann hingegen findet, daß das Haus monatlich zuviel kostet, und daß er sich vom Gewinn beim Verkauf des Hauses eine anständige Wohnung oder sogar ein neues, kleineres Haus leisten könnte. Beide haben berechtigte Interessen, die wahrgenommen und akzeptiert werden müssen.

In der Mediation kann das Paar alle Alternativen auflisten und sich schließlich für die geeignetste Lösung entscheiden. Hier einige Ideen:

- Ein Partner kauft das Haus und zahlt den anderen aus. Dies kann zum Beispiel mit einer Kapitalauszahlung des Versorgungsausgleichs oder mit einem Vorerbe der Eltern geschehen.
- Das Haus wird verkauft, und beide Partner kaufen aus dem Erlös ein kleineres Haus oder eine Eigentumswohnung.
- Das Haus wird auf einen Partner übertragen, der auf seinen Zugewinn im gleichen Wert verzichtet.
- Das Haus wird an einen Käufer verkauft, der es an einen der Partner vermietet, bis die Kinder volljährig sind.

Der Hausrat

Wer lernen will, wie man den Hausrat nicht aufteilen soll, kann sich den Film „Der Krieg der Rosen" anschauen. Er zeigt, wie ein Scheidungskrieg nicht nur zum finanziellen Ruin, sondern auch zum Tod führen kann.

Die Kosten, den Hausrat durch den Richter aufteilen zu lassen, übersteigen oftmals den Wert des Hausrats. Zudem teilt der Richter vieles nach dem Zufallsprinzip: Er kennt Sie ja schließlich nicht und weiß nicht, was Ihnen wieviel bedeutet.

Deshalb dürfte es günstiger sein, wenn Sie selbst die folgende altbewährte Verhandlungsmethode anwenden:

Einer der Partner legt zwei Gegenstände von ähnlichem Wert zusammen und der andere darf wählen. Natürlich darf man im nachhinein immer wieder Dinge austauschen, die dem einen oder dem anderen wertvoll sind. Und falls Sie bei einem Gegenstand dem Partner entgegenkommen, ist dieser wahrscheinlich auch eher dazu bereit, Ihnen einen Gefallen zu tun.

Der Versorgungsausgleich

Die Eheleute können sich über den Versorgungsausgleich selbst einigen, der Beschluß wird aber vom Richter überprüft. Manchmal kommt es vor, daß die Kapitalauszahlung des Versorgungsausgleiches für ein Paar sinnvoller ist.

Die Frau hat beispielsweise ein Haus geerbt, das während der Ehe 80000 DM an Wert gewann. Sie müßte davon 40000 DM ihrem Ehemann als Zugewinn abgeben. Sie kann ihm das vielleicht nur ausbezahlen, indem sie das Haus verkauft.

Der Ehemann hat während der Ehe eine Rentenanwartschaft von monatlich 400 DM erworben. Er müßte davon 200 DM der Frau monatlich als Versorgungsanwartschaft geben. Deren Kapitalwert entspricht circa 45000 DM. Die Eheleute einigen sich, daß die Frau das Haus behält und dem Ehemann dessen Zugewinn nicht auszahlt, dafür verzichtet sie aber auf ihren Teil an der Rentenanwartschaft.

Fallbeispiel

Martin (42jährig) und Ute (40jährig) waren seit 15 Jahren verheiratet. Sie haben zwei Töchter, 13 und neun Jahre alt. Martin hat im Laufe der Ehe ein einigermaßen profitables Computergeschäft aufgebaut. Ute hat ihm dabei zu Beginn geholfen, indem sie die Buchhaltung geführt hat.

131

Vor zwei Jahren begann Ute ein Psychologiestudium. Sie liebte die Herausforderung, arbeitete stundenweise in einer psychiatrischen Klinik und baute sich einen Freundeskreis auf, der sich einmal wöchentlich traf und fachsimpelte. Martin war dagegen, daß Ute ein Studium aufnahm. Sie hatten vor der Hochzeit verabredet, daß Ute sich um Haus und Kinder kümmern sollte, während er das Geld verdienen sollte. Ute hat zwar im Laufe der Ehe manchmal von ihrer Unzufriedenheit gesprochen, aber Martin hat dies als normale Ehekrise angesehen und als unbedenklich empfunden.

Martin waren Utes neue Freunde zuwider. Es war in letzter Zeit zu häßlichen Streitereien gekommen. Deshalb zog Martin schließlich in der Nähe in eine kleine Wohnung. Ute teilte ihm daraufhin mit, daß sie die Scheidung beantragen wolle. Er hätte bevorzugt, wenn sie wieder wie früher geworden wäre, aber er war schließlich mit der Scheidung einverstanden.

Ute hatte von einem ihrer Studienkollegen von der Mediation gehört und schlug Martin vor, auf diesem Weg einen Scheidungsvertrag zu erarbeiten. Martin willigte ein.

Beide waren sich einig, daß die Kinder weiterhin bei der Mutter leben sollten. Bei den finanziellen Folgesachen waren sie sich jedoch uneinig: Ute wollte weiterhin im Haus bleiben, Kindes- und Ehegattenunterhalt erhalten, den halben Wert von Martins Geschäft und den Versorgungsausgleich bekommen. Außerdem wollte sie auch ihr Auto behalten.

Martin überlegte sich, daß es wohl sinnvoller wäre, wenn Ute und die Kinder im Haus wohnen blieben. Die Kinder würden bei ihm an jedem zweiten Wochenende von Freitag bis Montagmorgen leben. Er würde natürlich die Kinder auch unterstützen, denn er liebte sie und hat immer gut für sie gesorgt. Aber Ehegattenunterhalt wollte er auf keinen Fall leisten. Schließlich hatte sie ihn verlassen, und er war immer ein guter Ehemann gewesen. Wenn sie die Emanzipation wollte, dann sollte sie sie haben: aber nicht auf seine Kosten. Er verlangte, daß Ute das Studium aufgeben und mehr in der psychiatrischen Klinik arbeiten sollte, so daß sie sich selbst ernähren könnte. Außerdem wollte er ihr nicht die Hälfte seines Geschäfts geben, da es ja schließlich sein Geschäft wäre, und er befürchtete, daß er Bankrott erklären müßte, würde er ihr die Hälfte des Wertes auszahlen. Er war damit einverstanden, daß sie ihr Auto und er sein Auto behielt.

Der Mediator machte Ute und Martin darauf aufmerksam, daß sie in vielem schon übereinstimmten, nämlich bezüglich Sorge- und Umgangsrecht, Kindesunterhalt, Haus und Auto. Beide erklärten sich einverstanden, die Arbeitsblätter auszufüllen, um eine Grundlage zur Verhandlung zu haben.

Zur nächsten Sitzung kam Ute nervös, weil sie anhand ihres Budgets merkte, wieviel ihr fehlte, um ihr Studium abzuschließen. Sie befürchtete, daß sie Martins Forderung, das Studium abzubrechen und mehr zu arbeiten, befolgen müßte.

Monatliches Budget für Ute

Einkommen

	HAUSHALT	KINDER
Gehalt netto	800	
1/12 Weihnachts-/Urlaubsgeld	80	
Kindergeld	0	
Zinsen	0	
Steuerrückerstattungen	0	
Total	**880 DM**	

Ausgaben

	HAUSHALT	KINDER
Miete/Hypothek	1600	600
Nebenkosten	350	0
Telefon	60	40
Autokosten / öffentlicher Verkehr	350	80
Haushalt	200	80
Essen	550	300
Restaurants	50	0
Kleidung	200	120
Persönliches	100	40
Freizeit	150	80

Versicherungen	0	0
Ausbildung	100	80
Urlaub	200	120
Schulden/Rückzahlungen	0	0
Zeitungen/Magazine	30	20
Geschenke	100	40
Spenden	10	0
Total	**4050 DM**	**1600 DM**

Monatliches Budget für Martin

Einkommen

	HAUSHALT	KINDER
Gehalt netto	4900	
1/12 Weihnachts-/Urlaubsgeld	380	
Kindergeld	200	200
Zinsen	60	
Steuerrückerstattungen	0	
Total	**5540 DM**	**200 DM**

Ausgaben

	HAUSHALT	KINDER
Miete / Hypothek	1200	200
Nebenkosten	300	0
Telefon	40	0
Autokosten / öffentlicher Verkehr	450	40
Haushalt	100	20
Essen	300	50
Restaurants	200	50
Kleidung	100	0
Persönliches	150	0
Freizeit	50	30
Versicherungen	160	0
Urlaub	100	40
Schulden/Rückzahlungen	50	0
Zeitungen/Magazine	20	0
Geschenke	30	0
Spenden	10	0
Mitgliederbeiträge	20	0
Total	**3380 DM**	**430 DM**

Monatliche Kosten der Familie insgesamt:	7430 DM
Davon Kosten der Kinder:	2030 DM
Monatliches Einkommen insgesamt:	6420 DM
Monatlicher Fehlbetrag:	1010 DM
Utes monatliche Kosten:	2450 DM
Martins monatliche Kosten:	2950 DM
monatliche Kosten der Kinder bei Ute:	1600 DM
monatliche Kosten der Kinder bei Martin:	430 DM
Utes gesamter monatlicher Fehlbetrag:	3170 DM
Martins monatlicher Gewinn:	2160 DM

Vermögen aus der Ehe von Ute und Martin

Haus/Eigentumswohnung:

Adresse	Kaufdatum	Kaufpreis	jetziger Wert
	25.10.1993	400 000	470 000

Anzahlung	Hypothek		Titel im Namen
Ehemann	10 000	310 000	Ute und Martin
Ehefrau	10 000		

Vermögenswert
160 000

Bankkonten

Typ	Wo?	Im Namen von	Saldo zur Zeit der Trennung
Sparkonto	Sparkasse	beiden	4000

Wertpapiere

Typ	Wo?	Im Namen von	Wert zur Zeit der Trennung
keine			

Rente/Pension

Typ	Im Namen von	Wert zur Zeit der Trennung
Sozialversicherungsrente	Martin	50 000

Lebensversicherung

Typ	Wo?	Im Namen von	Wert zur Zeit der Trennung	Empfänger
XY	Z	Martin	100 000	Kinder

135

Geschäftsvermögen

Erklären Sie, ob ein Ehegatte Anteil an einem Geschäft haben soll und ungefähr wieviel:

Computergeschäft von Martin, Wert 120 000 DM

Ausbildung

Berichten Sie, ob ein Ehegatte während der Ehe in Ausbildung war, wer dafür bezahlt hat und ob dadurch das Einkommen gesteigert werden konnte:

Ute ist immer noch in Ausbildung, keine Steigerung des Einkommens bis jetzt.

Hausrat

Beschreiben Sie, was für Sie besonders finanziellen oder emotionalen Wert hat und kategorisieren Sie die Sachen unter Möbel, Elektronische Geräte, Bücher, Geschirr, Haustiere, etc.

Beschreibung	Wert	Wer besitzt es? (Frau, Mann, gemeinsam)
Möbel	20 000	beide
elektrische Geräte	10 000	beide
Geschirr	400	beide

Autos

Marke	Im Namen von	Jahr	Wert	Betrag geschuldet	Bezahlt von
Volkswagen	Ute	1991	15 000	0	beiden
BMW	Martin	1990	20 000	0	beiden

Schulden

Kreditor	Betrag	Wer machte die Schulden? (Frau, Mann, gemeinsam)
Firma XY	5000	gemeinsam

Der Mediator besprach mit dem Paar folgende mögliche Szenarien:

- Ute arbeitet halbtags in der Klinik und verdient 1200 DM. Sie wäre bis zur vollen Berufstätigkeit, wenn das jüngere Kind 15 Jahre alt wäre, also für sechs Jahre, auf einen Ehegattenunterhalt von 1250 DM angewiesen und danach bei voller Berufstätigkeit und mit einem Lohn von 2400 DM auf 50 DM.

- Ute beendet das Studium in zwei Jahren. Bis dahin braucht sie 1570 DM Ehegattenunterhalt. Danach arbeitet sie halbtags als Psychologin in der Klinik, verdient dabei 2300 DM und braucht noch 150 DM Ehegattenunterhalt. Bei voller Berufstätigkeit nach sechs Jahren braucht sie keinen Ehegattenunterhalt mehr.

Ute zog die letztere Variante vor, und Martin sah ein, daß dieses Szenario auch für ihn vorteilhafter war.

Somit stellte sich die Frage, wie Martin und Ute die fehlenden 1010 DM pro Monat mehr verdienen oder bei den Ausgaben kürzen könnten.

Beide Partner fanden, daß sie ihr eigenes Budget realistisch bemessen hatten und nichts kürzen könnten.

Ute meinte, daß Martin sein Budget in bezug auf Restaurant, Persönliches und Freizeit kürzen könne. Dies war schon während der Ehe ein Streitpunkt gewesen. Martin wurde ärgerlich und wollte nicht in seinen „kleinen Vergnügungen" beschnitten werden, weil Ute ihn verließ. Umgekehrt störte ihn an Utes Ausgaben für ihre Ausbildung, daß sie Geld für einen Babysitter brauchte, um ihre Freunde zu treffen. Ute schlug daraufhin vor, daß die Kinder mittwochs bei Martin übernachten könnten, so daß sie monatlich 80 DM sparen könnte. Martin war nur zu gerne dazu bereit, und die Lage entspannte sich zusehends.

Auf die Frage, wie mehr Geld beschafft werden könnte, hatte Martin die Idee, er könnte vielleicht Abendkurse in der Erwachsenenbildung geben. Er war schon mehrmals dafür angefragt worden, hatte aber abgelehnt, weil er abends bei seiner Familie hatte sein wollen. Er erhielt die Aufgabe, dies zu überprüfen, und beide sollten weitere Einsparungen oder Lohnerhöhungen finden.

Bei der nächsten Sitzung teilte Martin mit, daß er in der Abendschule unterrichten und 600 DM dazu verdienen könnte. Ute meinte, daß sie in den nächsten zwei Jahren auf einen Urlaub verzichten und während der Ferien zuhause bleiben oder zu ihren Eltern an die Nordsee fahren könnte. Dann fehlten noch monatlich 150 DM. Martin erklärte sich bereit, es mit kochen zu versuchen und weniger auswärts zu essen. Er meinte, er könnte etwa 50 DM damit sparen. Er schlug vor, daß er in den nächsten zwei Jahren Freunde im Urlaub besuchen und so weitere 100 DM pro Monat sparen könnte.

Ute und Martin waren sich einig, die Autos, die während der Ehe gekauft worden waren, zu behalten. Das bedeutete, daß Martin Ute 2500 DM schuldete. Martin schlug vor, daß er als Ausgleich dafür Utes Anteil der Schulden übernähme. In bezug auf den übrigen Hausrat erwähnten sie, daß sie ihn korrekt aufgeteilt hätten, als Martin in seine Wohnung eingezogen war.

Beide waren sich einig, daß Ute der Versorgungsausgleich – wie im Gesetz vorgesehen – durch Übertragung von Rentenanwartschaften erfolgen sollte. Sofern beide beim selben Rentenversicherungsträger, z. B. bei der BfA/Bundesversicherungsanstalt für Angestellte, versichert wären, würde dies dadurch geschehen, daß der Familienrichter Rentenanwartschaften in Höhe von 200 DM vom Versicherungskonto des Ehemannes auf das der Ehefrau übertrüge.

Nun blieb noch die Aufteilung des Hauses und des Geschäfts übrig. Sie stimmten überein, daß Ute das Haus und Martin das Geschäft behalten sollten. Würden sie beides zur Hälfte teilen, müßte Ute 20 000 DM an Martin bezahlen. Martin und Ute verließen die Sitzung mit der Aufgabe, Ideen dafür zu sammeln.

Sie kamen mit folgenden Vorschlägen zur nächsten Sitzung:
- Ute sollte das Haus und Martin das Geschäft behalten. Sie verzichtete auf 20 000 DM ihres Versorgungsausgleichs, anstatt Martin die 20 000 DM auszubezahlen.
- Ute sollte das Haus und Martin das Geschäft behalten. Er verzichtete auf 20 000 DM, da sie im Geschäft mitgeholfen hatte und später ihren Anteil der Ehe im Haus und mit den Kindern geleistet hatte.

Für Ute war der erste und für Martin der zweite Vorschlag nicht akzeptabel. Der Mediator schlug vor, sich in der Mitte zu treffen, so daß beide Partner einigermaßen zufrieden sein könnten.

Nach einigem Hin und Her einigten sie sich, daß Ute auf 10 000 DM ihres Versorgungsausgleichs und Martin auf 10 000 DM seines Anspruches am Zugewinn verzichtete.

Beide verabredeten auch, daß sie sich über Änderungen gütlich einigen würden, und daß sie die Mediation aufsuchen würden, falls sie sich selbst nicht einigen könnten.

Neben den Kosten für die Mediation und die notarielle Beglaubigung mußten Martin und Ute folgendes für ihre Scheidung bezahlen:

Scheidungsantrag	
(gemeinsames monatliches Nettoeinkommen mal 3)	19 280 DM
Versorgungsausgleich (Mindestwert)	1000 DM
Sorgerecht (1500 DM für das erste und 500 DM für jedes	
weitere Kind)	2000 DM
Umgangsrecht	1000 DM
Summe Streitwert oder Gegenstandswert	**23 260 DM**

Bei einem Streit- oder Gegenstandswert von 23 260 DM betragen die Gerichtskosten ... DM.
Die Gebühren für einen Anwalt belaufen sich auf ... DM.

Hätten Martin und Ute sich über alle Folgesachen vor Gericht gestritten, hätte ihre Rechnung folgendermaßen ausgesehen:

Scheidungsantrag	
(gemeinsames monatliches Nettoeinkommen mal 3)	19 280 DM
Versorgungsausgleich (Mindestwert)	1000 DM
Sorgerecht (1500 DM für das erste, 500 DM für jedes weitere Kind)	2000 DM
Umgangsrecht	1000 DM
Kindesunterhalt (ein Jahresbeitrag der Unterhaltszahlungen:	
12 mal 1600 DM)	19 200 DM
Ehegattenunterhalt (ein Jahresbeitrag der Unterhaltszahlungen:	
12 mal 1570 DM)	18 840 DM
Hausrat (Zeitwert des Hausrates)	30 400 DM
Zugewinnausgleich (Vermögenswert des Ausgleichsanspruchs)	20 000 DM
Summe Streitwert oder Gegenstandswert	**111 720 DM**

Bei einem Streit- oder Gegenstandswert von 111 720 DM betragen die Gerichtskosten ... DM.
Die Gebühren für zwei Anwälte belaufen sich auf ... DM.

Weiterführende Literatur

Fisher, R., Ury, W., Patton, B. (1993): Das Harvard-Konzept. Sachgerecht verhandeln – erfolgreich verhandeln. Frankfurt/Main: Campus Verlag.
Märtin, Doris (1995): Die sanfte Scheidung. Mediation. Der neue Weg, sich ohne Verlierer einvernehmlich zu trennen. München: Heyne Verlag.
Scarpetti-Lohr, Ilse (1995): Scarpettis Scheidungsratgeber. München: Quintessenz.
Strecker, Christoph (1994): Versöhnliche Scheidung. Familienrecht für Nichtjuristen. Berlin: Quadriga Verlag.
Münch, Eva Marie von (1996): Die Scheidung nach neuem Recht. Alles über den Scheidungsverbund: Voraussetzungen Verfahren Folgen. München: Beck Verlag.

7. Alternativen zur Scheidungsmediation [1]

Die Do-it-yourself-Scheidung

Gehören Sie zu den „perfekten Kumpeln" oder zu den „kooperativen Kollegen", so liegt es nahe, daß Sie beide Ihre Scheidung so autonom wie möglich erledigen wollen. Sie können Ihr obligatorisches Trennungsjahr dazu verwenden, sich über das Thema Scheidung zu informieren und die Konvention zu erarbeiten.

Da in Ehesachen vor dem deutschen Familiengericht Anwaltszwang herrscht, muß zumindest einer von Ihnen einen Anwalt aufsuchen, damit dieser den Scheidungsantrag stellt. Sofern Sie eine einverständliche Scheidung wünschen, ist es weiter erforderlich, Einverständnis hinsichtlich der elterlichen Sorge und des Umgangsrechts herzustellen und in vollstreckungsfähiger Form den Ehegatten- und den Kindesunterhalt sowie die Rechtsverhältnisse an der Ehewohnung und am Hausrat zu regeln. Dies geschieht am kostengünstigsten durch Errichtung einer notariellen Urkunde.

Die für eine einverständliche Scheidung erforderliche vollstreckungsfähige Regelung von Ehegatten- und Kindesunterhalt kann auch zu Protokoll des Familienrichters erklärt werden. Dies ist aber nur dann möglich, wenn beide Seiten anwaltlich vertreten sind. Sofern Sie also ein Scheidungsverfahren mit nur einem Anwalt durchführen wollen, müssen Sie den zunächst genannten Weg beschreiten. Es wäre jedenfalls aus Kostengründen unsinnig, allein um die Scheidungsvereinbarung vor dem Familiengericht abschließen zu können, einen zweiten Anwalt einzuschalten, da dessen Kosten merklich höher sind als die Kosten der notariellen Scheidungsvereinbarung.

Die Scheidung mit Anwälten

Die Rolle Ihres Anwaltes besteht darin, die Fakten in Ihrem Fall bezüglich Sorge- und Umgangsrecht, Ehegatten- und Kindesunterhalt, Versorgungsausgleich, Zugewinnausgleich, Hausrat und Ehewohnung zusammenzustellen und das Recht so anzuwenden, daß er das Meiste für Sie herausholen kann. Er ist dazu da, Ihre Interessen zu vertreten und, wenn nötig, vor Gericht dafür zu kämpfen. Oft beginnt ein Anwalt damit, mehr zu verlangen, als Sie überhaupt wollen oder erwarten können, um so Spielraum für Verhandlungen zu bekommen. Diese bekannte Verhandlungstechnik kann aber dazu führen, daß die andere Seite schockiert wird und sich selbst einen Anwalt nimmt, der seinerseits wiederum zuviel verlangt. Dies kann die ohnehin schon fragile Beziehung zwischen den Eheleuten verschlechtern.

Amerikanische Untersuchungen zeigen, daß 60 Prozent der Sich-Scheidenden ihre Folgesachen selbst regeln mußten, obwohl beide Anwälte hatten. Die Hälfte der befragten Paare sagten, sie hätten nicht mehr als drei Kontakte mit ihren Anwälten gehabt inklusive Telefongespräche. In einer anderen Untersuchung meinten knapp 20 Prozent der Befragten, daß ihre Anwälte eine große Rolle beim Erarbeiten ihres Betreuungsplanes gespielt hätten.

Regeln, die im Gerichtsprozeß selbst liegen, können zu Konflikten führen. Beispielsweise kann der Anwalt nur Sie allein vertreten und darf nicht mehr mit Ihrem Partner kommunizieren, wenn dieser auch einen Anwalt hat. Das bedeutet, daß Ihr Anwalt nur Ihre Seite der Geschichte kennt und die andere Perspektive nur verzerrt im Verlauf des Gerichtsprozesses erfährt.

Sie selbst können einiges dazu beitragen, um den Konflikt nicht eskalieren zu lassen und um die Kosten geringer zu halten, indem Sie nach folgendem Grundsatz ihre Scheidung durchführen:

● *Behalten Sie die Kontrolle über Ihre Scheidung!*

Das beginnt damit, daß Sie einen Anwalt suchen, der Ihren Wunsch, die Kontrolle zu behalten, versteht, der viel Erfahrung mit Scheidungen hat, und der Ihnen sympathisch ist.

Manche Leute fühlen sich von der Autorität eines Anwaltes eingeschüchtert. Sie trauen sich nicht nachzufragen, wenn etwas unklar ist und überlassen die Scheidung dem Anwalt. Doch Sie stellen den Anwalt an, er arbeitet für Sie! Fragen Sie ihn, wie lange er schon als Anwalt tätig ist, wie viele Scheidungen er prozentual durchführt und in wieviel Prozent seiner Scheidungsfälle streitige Folgesachen-Entscheidungen ergehen. Dadurch erfahren Sie, in wie vielen Fällen er außerhalb des Gerichts verhandelt. Fragen Sie, ob er nach dem Stundensatz oder nach dem Streitwert oder Gegenstandswert arbeitet, und wieviel die Scheidung wohl kosten wird. Fragen Sie auch, ob er bestimmte Leistungen gesondert in Rechnung stellt.

Sind Sie mit dem Anwalt nicht zufrieden oder haben Sie nicht die gleiche Wellenlänge, suchen Sie sich einen anderen. Dieser Aufwand lohnt sich! Die Scheidung ist ein wichtiger Teil Ihres Lebens, und Sie müssen vom Vertreter Ihrer Rechte überzeugt sein.

Wenn ein Bekannter Ihnen einen Anwalt empfiehlt, fragen Sie ihn, was er an ihm gut fand, ob der Anwalt bereit war, zu verhandeln, ob er gut informierte und Fragen verständlich und geduldig beantwortete, und ob er die Telefonate rechtzeitig beantwortete.

Außerdem können Sie sich beim örtlichen Anwaltsverein nach einem Anwalt erkundigen.

Haben Sie einen Anwalt gefunden, der Ihnen entspricht, gehen Sie gut vorbereitet zum ersten Gespräch. Sie können ihm auch die zu besprechenden Diskussionspunkte im voraus zusenden, so daß er vorbereitet ist und seine und Ihre kostbare Zeit so effizient wie möglich eingesetzt wird.

Bringen Sie die in Kapitel 6 ausgefüllten Fragebogen samt Belegen mit. Stellen Sie Fragen und Themen zusammen, die

Ihnen Ihr Anwalt erklären soll. Ohne Liste kann Ihnen Wichtiges leicht entschlüpfen. Während des Gesprächs machen Sie sich Notizen. Benutzen Sie Ihren Anwalt nicht, um Emotionen abzuladen und über Ihren Partner zu schimpfen. Ihr Anwalt ist dazu da, Ihre Interessen zu vertreten, und nicht, um Therapeut zu spielen.

Sagen Sie Ihrem Anwalt, daß Sie seine Ratschläge wünschen und seine Erfahrung schätzen, daß Sie aber letztlich selbst entscheiden möchten.

Oft fühlt man sich während des Prozesses hilflos und ohnmächtig, auch wenn man sich bestmöglichst informiert hat. Es kann helfen, wenn Sie einen andern Anwalt zu einem Gespräch aufsuchen, um zu erfahren, daß Sie auf dem richtigen Weg sind und „einfach" weiter ausharren müssen.

Die Kampfscheidung

Vielleicht bringt Sie Ihr Ehepartner dazu, einen Gerichtsprozeß durchführen zu müssen, oder Sie haben sich selbst dazu entschlossen. Vielleicht haben Sie beide Ihr Bestes in der Mediation gegeben, sind aber zu keiner Einigung gekommen.

Wenn Sie schon kämpfen müssen, tun Sie es lieber so effizient und kontrolliert wie möglich. Selten wird ein unkontrollierter Gerichtsprozeß gewonnen.

Sie wissen nun sicherlich, wie teuer ein Rechtsstreit für Ihren Geldbeutel und für Ihr Gefühlsleben ist. Ressourcen werden gebraucht, sowohl finanzielle als auch emotionale, die Sie sonst für Ihre Kinder oder sich selbst einsetzen könnten. Andererseits dürfen Sie auch nicht Ihre Rechte um des Friedens willen aufgeben. Versuchen Sie also alles, den Schaden so gering wie möglich zu halten, um sich selbst und die Kinder zu schützen. Dabei können Sie sich an folgendes halten:

● Trennen Sie das „Geschäft" der Scheidung von Ihren Emotionen. Planen und entscheiden Sie mit Vernunft und guten Gründen. Reagieren Sie nicht, wenn Ihr Partner Sie provoziert. Wenn Ihr Ehepartner und sein Anwalt rechtliche Taktiken brauchen, die Sie wütend machen, gönnen Sie ihnen nicht die Freude, auf derselben Ebene zu reagieren. Beispielsweise kann eine Frau den Ehemann fälschlicherweise der Gewalt beschuldigen, damit sie eine Einstweilige Verfügung erhält, die ihm auch noch den Kontakt mit den Kindern verbietet. Nehmen Sie keine Rache, sondern konzentrieren Sie sich auf Ihr Lebensziel, so daß Sie doch noch das Beste aus einer schlimmen Situation machen.

- Verlangen Sie nur, was Ihnen nach dem Recht zusteht und was das Beste für Ihre Kinder ist. Sind Sie sich sicher, daß Sie nicht aus Wut, Schuldgefühl, Gier, Furcht, Bestrafung oder Rache handeln? Beispielsweise hat ein Vater seine Kinder entführt und ihnen gesagt, die Mutter sei gestorben. Als Konsequenz hat er überwachtes Umgangsrecht bekommen.
- Tun Sie alles Mögliche, um eine Kampfscheidung zu vermeiden. Vielleicht können Sie sich doch noch über einige Punkte mit Ihrem Partner einigen? Ist der Kampf vor Gericht die letzte Möglichkeit für Sie, doch noch zu Ihrem Recht zu kommen, überlegen Sie sich: Ist ihr Ziel diesen Kampf wirklich wert?
- Tun Sie das Beste, das in Ihrer Macht steht, und verzeihen Sie sich und später vielleicht sogar Ihrem Ehegatten alle Fehler, die begangen worden sind.
- Verzweifeln sie nicht über das, was Sie nicht kontrollieren können. Ein wichtiges Stück Ihres Lebens hängt nun vom Richter ab. Dies kann eine der schwersten Lebensprüfungen im Loslassen sein neben dem eigenen Sterben oder dem Tod eines geliebten Menschen.

8. Scheidungsmediation und der Neubeginn

Die Zeit nach der Scheidung steht nicht still, und es kommen neue Lebensaufgaben auf uns zu. Oft werden diese von den Familienmitgliedern selbst gelöst. Sie reden miteinander, probieren verschiedene Lösungen aus und passen sich an die neuen Lebensumstände an.

Wenn dies nicht gelingt, kann ein Therapeut der Familie helfen.

Beispielsweise konnte der Mann einfach nicht ertragen, daß seine Exfrau einen Freund hatte. Er begann, sie zu beobachten und ihr zu folgen, um herauszufinden, ob der Freund bei ihr übernachtete oder wie sie die Wochenenden miteinander verbrachten. Er suchte schließlich einen Therapeuten auf und fand Wege, von seiner Frau seelisch Abschied zu nehmen und ein eigenes Leben aufzubauen.

In einem anderen Beispiel ging eine ganze Familie zur Therapie, da das neunjährige Mädchen seine zweijährige Halbschwester zu schlagen begann. Es stellte sich heraus, daß die ältere Schwester kaum ungestört etwas unternehmen konnte; die Jüngere wollte immer dabeisein, störte bei den Hausaufgaben, wollte mit ihren Freundinnen spielen und unterbrach ihre Telefongespräche. Die Eltern begannen, mit den Geschwistern etwas getrennt zu unternehmen, und fanden Nachbarn, die von Zeit zu Zeit das Jüngere hüteten. Die beiden Schwestern begannen wieder miteinander zu spielen.

Manchmal erfordern es die Umstände, daß der Betreuungsplan abgeändert wird oder die Finanzen besser aufgeteilt werden. Gehören die Geschiedenen nicht zu den „perfekten Kumpeln" oder „kooperativen Kollegen" und können die Sache nicht selbst regeln, erscheint ihnen ein weiterer Gang zum Gericht unvermeidlich.

Doch auch in der Zeit nach der Scheidung bietet die Mediation der Familie einen friedlichen Weg, sich neu zu organisieren. Die folgenden Beispiele zeigen, wie es Familien in der Mediation gelang, neue Lösungen zu finden:

- Die Kinder werden älter und haben unterschiedliche Bedürfnisse. Eine Mutter berichtet: „Mein zehnjähriger Junge wollte bei Freunden übernachten, mußte aber am Sonnabend zum Vater gehen. Der Vater erlaubte ihm keine Übernachtungen bei Freunden, weil er ihn sonst nicht soviel sehen würde. Der Junge wollte schließlich gar nicht mehr zum Vater gehen. In der Mediation fanden wir die Lösung, daß er an drei anstatt zwei Wochenenden beim Vater sein sollte, und daß die Zeiten von Freitagabend bis Montagmorgen verlängert wurden. Dies ermöglichte es ihm, von Zeit zu Zeit bei einem Freund zu übernachten und doch nicht allzuviel kostbare Zeit mit dem Vater zu verpassen."

- Ein Elternteil hat eine neue Arbeitsstelle und zieht um. Die Distanz zum anderen Elternteil wird größer oder kleiner. Ein Vater schildert: „Ich bekam eine gute Arbeitsstelle angeboten, mußte aber dafür in eine Stadt ziehen, die zwei Stunden vom Haus der Mutter entfernt war. Ich wußte, daß ich meine Kinder so nicht mehr während der Woche sehen konnte und überlegte mir ernsthaft, das Angebot abzulehnen. Ich bat die Mutter schließlich zur Mediation, und wir einigten uns, daß ich den größeren Teil der Ferienzeit mit den Kindern verbringen konnte."

- Alleinerziehend zu sein, kann manchmal überfordern. Eine Mutter berichtet: „Mein Exmann hatte nach der Scheidung keinen Kontakt zu unserem Sohn aufrechterhalten. Ich wollte für das Kind daher eine gute Mutter und zugleich ein guter Vater sein. Dabei überforderte ich mich. Schließlich habe ich meinen Exmann gefragt, ob er zur Mediation bereit wäre. Ich war erstaunt, daß er einverstanden war, und noch mehr erstaunt, daß er Kontakt mit dem Kind wollte. Wir erarbeiteten einen Betreuungsplan, und seither geht es uns allen besser: Ich finde Zeit für mich, mein Sohn hat eine Beziehung zu seinem Vater, und mein Exmann genießt den Kontakt mit unserem Sohn."

Wiederverheiratung, Stieffamilie und vielleicht eine zweite Scheidung bringen Veränderungen für alle Beteiligten[1]. Eltern berichten von folgenden Lebensaufgaben:

- „Heinz und ich heirateten vor einem Jahr. Meine Kinder leben bei uns und seine Kinder leben bei ihrer Mutter und kommen zu uns an jedem zweiten Wochenende. Das ist genau das Wochenende, an dem meine Kinder zu ihrem Vater gehen. Wir haben auf diese Weise zwar genügend Platz in der Wohnung, aber Heinz und ich sind nie allein und unternehmen kaum etwas als ein Paar. Ich brauchte Überwindung, meinen ersten Mann in der Mediation zu bitten, die Kinder einmal unter der Woche zu nehmen. Er war nie ein besonders verantwortungsvoller Vater, aber er hat sich nun bereit erklärt, dies alle zwei Wochen zu tun. Bis jetzt klappt es, die Kinder gehen gerne zu ihm, und in unserer Ehe geht es viel besser!"

- „Ich mag die Kinder meiner Frau, aber all die Dinge, die ich für sie tue, würde ich lieber für meine eigenen Kinder machen. Ich vermißte meine eigenen Kinder so sehr, daß ich meine frühere Frau zur Mediation einlud und wir einen Plan ausarbeiteten, bei dem ich mehr alltägliche Dinge mit ihnen unternehmen kann."

- „Mein Mann ist viel auf Geschäftsreisen, und ich, die Stiefmutter, bin mit seinen Kindern allein zu Hause. Ich wollte ihnen beweisen, daß ich keine böse Stiefmutter wie im Märchen war und arbeitete für sie rund um die Uhr. Es war Streß für mich, und ich erhielt nie die Dinge, die eine richtige Mutter bekommt, wie eine Umarmung oder ein Lachen, nicht mal ein Dankeschön. Als ich einmal hörte, wie eines der Kinder am Telefon zur Mutter sagte: ‚Mutti, ich vermisse dich so sehr', war ich überzeugt, daß die Kinder mehr Kontakt mit ihrer Mutter haben sollten. Ich besprach dies mit meinem Mann. Er wollte zuerst nichts davon hören, doch schließlich willigte er ein, zur Mediation zu gehen. Dort vereinbarten er und seine erste Frau, daß die Kinder bei ihr sind, wenn er auf Geschäftsreise ist."

- „Ich sah die Fehler meiner Stiefkinder deutlicher als diejenigen meiner eigenen. Zudem hatte ich kaum Kontakt mit meinen Kindern und sah sie nur noch als fehlerfreie Engelchen. Als wir einen besseren Betreuungsplan erarbeiteten und ich mehr Kontakt mit meinen Kindern bekam, sah ich nicht mehr nur schwarz/weiß und konnte meine Stiefkinder besser annehmen. Das hat auch unserer Ehe gutgetan."

- „Seit Helen zwei Jahre alt war, habe ich, die Stiefmutter, sie erzogen. Ihre leibliche Mutter war bei der Scheidung aus ihrem Leben verschwunden. Als Helens Vater und ich uns scheiden ließen, hatte ich keinen Kontakt mehr mit Helen. Es war für uns beide eine schwierige Zeit. In der Mediation schließlich konnten ihr Vater und ich uns auf einen Betreuungsplan einigen, und sowohl Helen als auch ich sind nun viel zufriedener."

- „Meine erste Frau findet, ich bezahle nicht genug für sie und die Kinder. Meine jetzige Frau hingegen beklagt sich darüber, daß soviel meines Lohnes zu meiner ersten Familie geht. Wir haben das Geld ja auch nötig. Ich versuchte es schließlich mit der Mediation. Meine erste Frau war ganz nett und war bereit, auf den Ehegattenunterhalt zu verzichten, wenn sie ihre Ausbildung beendet hätte."

Weiterführende Literatur

Bernstein, Anne C. (1990): Deine, meine und unsere Kinder. Freiburg: Herder.

9. Mediation für andere Konflikte

Die Mediation gibt es, seit es drei und mehr Menschen auf Erden gibt[1]. In vielen Kulturen hat das Familienoberhaupt den Familienmitgliedern geholfen, ihre Konflikte selbst zu lösen. Auch die Kirche hat während Jahrhunderten eine aktive Rolle im Konfliktlösungsprozeß gespielt. Schon Apostel Paulus hat empfohlen, Meinungsverschiedenheiten und Streitereien mit Hilfe von Gemeindemitgliedern zu lösen, anstatt vor Gericht zu kämpfen.

Wahrscheinlich betätigen Sie sich selbst oft als Mediator, sei es, daß Sie Streitereien zwischen Ihren Kindern schlichten helfen, oder daß Sie bei Konflikten im Freundeskreis, im Verein oder am Arbeitsplatz eine vermittelnde Rolle spielen.

Oft werden Konflikte zwischen den Beteiligten selbst im Gespräch gelöst. Manchmal mißlingt die Lösung oder das Gespräch wird vermieden. Wenn sich dann der Konflikt nicht selbst im Laufe der Zeit löst und die in Konflikt stehenden Menschen weiterhin eine Beziehung miteinander aufrechterhalten müssen, werden andere Mittel zur Konfliktlösung gesucht. In unserer westlichen Kultur ist dies häufig das Gericht. Dabei wird zwar ein Urteil über das Problem gefällt, doch die Beziehung der Parteien verschlechtert sich meistens.

In der Mediation hingegen erleben die Menschen oft eine Verbesserung ihrer Beziehung, und sie können weiterhin zufriedenstellend miteinander leben.

Die Mediation beschränkt sich nicht nur auf Familienkonflikte, insbesondere die Scheidung. Über jegliche Konflikte kann in der Mediation verhandelt werden. Im folgenden sollen daher häufige Konfliktbereiche beschrieben werden, die in der Mediation gelöst werden können:

Zum Beispiel können sich Nachbarn einigen, was mit dem Laub geschehen soll, das in den Garten des Nachbars geweht wird, wie der Zaun repariert werden soll und wer wieviel dabei bezahlt, oder wie mit Lärm umgegangen wird, sei es von einer Motorsäge, von bellenden Hunden oder von Parties.

Mieter und Vermieter besprechen Konflikte über Reparaturen, Nichtbezahlen der Miete oder Unordnung im Treppenhaus.

Geschäftsleute verhandeln über Lieferungen, Rechnungen oder Materialschäden. Geschäftspartner können über die finanzielle Aufteilung oder die Auflösung des Geschäfts verhandeln.

Man kann zum Beispiel den Handwerker zur Mediation bitten, wenn man mit dessen Arbeit nicht zufrieden ist.

Vielleicht kann eine Kündigung oder Entlassung vermieden oder wenigstens friedlich vollzogen werden, wenn sich Arbeitgeber und Arbeitnehmer in der Mediation aussprechen und einigen können.

Auch Arbeitnehmer untereinander können in der Mediation Konflikte, wie über Arbeitsaufteilung oder Kommunikation, lösen.

Als erfolgreich hat sich die Schulmediation erwiesen. Einerseits werden Schüler als Mediatoren eingesetzt, um bei Konflikten zwischen ihren Kameraden zu vermitteln. Andererseits können Lehrer bei Konflikten mit Lehrern, Eltern, Schülern oder der Schulpflege die Mediation aufsuchen.

Vor der Ehe kann sich ein Paar wahrscheinlich noch mit Leichtigkeit selbst einigen. Doch manchmal sucht ein Paar die Mediation auf, um einen Ehevertrag abzuschließen. Ob dieser so ausführlich ist wie derjenige eines amerikanischen Paares[2], das vereinbarte, daß sie drei bis fünf mal pro Woche „gesunden Sex" miteinander hätten und den Benzintank immer bei halbleerem Stand auffüllen würden, ist jedem Paar selbst überlassen.

Stehen Länder in einem Konflikt, könnte die Mediation helfen[3]. Beispielsweise einigten sich Minister Begin von Israel und Präsident Sadat von Ägypten in der Friedenskonferenz von 1978 darauf, daß die Halbinsel Sinai an Ägypten zurückgegeben und entmilitarisiert wurde. Dadurch wurden die Interessen beider Länder gewahrt: Diese Lösung gab Ägypten wieder die Souveränität über Sinai und Israel die gewünschte Sicherheit.

Weiterführende Literatur

Fisher, R., Ury, W., Patton, B. (1984 und 1993): Das Harvard-Konzept. Sachgerecht verhandeln – erfolgreich verhandeln. Frankfurt/Main: Campus Verlag.

Nachwort

Scheiden tut weh. Es gibt aber ein Licht am Ende des Tunnels. Die meisten Leute schaffen es, ein neues Leben aufzubauen, das durch Lebensprüfungen bereichert ist. Die Scheidung wird zu einem wichtigen, aber abgeschlossenen Teil Ihres Lebens.

Ich hoffe, daß dieses Buch Ihnen den schmerzhaften Prozeß der Scheidung erleichtert hat. Das Lesen wird wohl nicht immer einfach gewesen sein: Einerseits ist das Thema nicht leicht, anderseits ist es in einer großen Lebenskrise meistens schwierig, sich zu konzentrieren. Vielleicht sind Ihnen beim Lesen auch Zweifel gekommen, ob Sie so viele wichtige Entscheidungen selbst treffen sollen. Vielleicht möchten Sie doch lieber alles Ihrem Anwalt überlassen. Ja, es braucht Zeit und Energie, sich die rechtlichen und finanziellen Informationen zu verschaffen. Dabei ist es hilfreich, wenn Sie jeden Tag frisch anfangen und Ihre Aufgaben Schritt für Schritt lösen. Mit einer ausgewogenen Beratung und all Ihrem zugelegten Wissen gelingt es Ihnen, Entscheidungen aus einer Position der Stärke zu treffen.

Vielleicht haben Sie sich auch gefragt, ob Verhandlungen und eine Zusammenarbeit mit Ihrem Partner möglich seien. Zwar braucht es Zwei, um einen Streit aufrechtzuerhalten, aber Sie allein können dem Konflikt eine andere Richtung geben. Indem Sie Ihren Teil kontrollieren, beeinflussen Sie auch den Teil Ihres Partners. Wenn Sie sich entschließen, guten Willen zu zeigen, um mit Ihrem Partner zusammenzuarbeiten und seine Sichtweise zu verstehen, ohne damit unbedingt übereinzustimmen, schaffen Sie eine Grundlage, den Konflikt friedfertig zu lösen.

Die Scheidung gibt Ihnen Gelegenheit, über Ihr Leben nachzudenken. Wie jede andere große Krise regt sie dazu an, sich über Lebensziele und Werte klar zu werden. Vielleicht gelingt es Ihnen sogar, Ihrem Partner und sich selbst zu verzeihen und so wahrhaftig das Kapitel der Scheidung im Buch Ihres Lebens abzuschließen.

Die Mediation kann Sie bei all diesen Aufgaben unterstützen. Ich hoffe, die Mediation ist eine gute Erfahrung für Sie, in der Sie eine passende Übereinkunft finden und einen Grundstein für Ihr weiteres, zufriedenes Leben legen können.

Literaturverzeichnis

Einleitung

1 Wallerstein, J., Blakeslee, S. (1989): Second Chances. New York: Ticknor and Fields.

2 Proksch, R. (1995): Praxiserfahrung mit Vermittlung. Mediation in streitigen Sorge- und Umgangsrechtsverfahren. In: Duss-von Werdt, J., Mähler, G., Mähler, H. (Hg.): Mediation: Die andere Scheidung. Ein interdisziplinärer Überblick. Stuttgart: Klett-Cotta, 144–165.

3 Ahrons, C. (1994): The Good Divorce. Keeping your Family together when your Marriage comes apart. New York: HarperCollins.

4 Amato, P. R. (1994): Life-Span Adjustment of Children to Their Parents' Divorce. In: Behrman, R. E. (Hg.): The Future of Children. Los Angeles: Center for the Future of Children, 143–164.

1. Was ist Mediation?

1 Shah, I. (1983): The Pleasantries of the Incredible Mulla Nasrudin. London: The Octagon Press.

2 Gardner, R. A. (1987): The Parental Alienation Syndrome and the Differentiation Between Fabricated and Genuine Child Sex Abuse. New Jersey: Creative Therapeutics.

3 Glieberman, H. A. (1975): Confessions of a Divorce Lawyer. Zit. nach Gardner, R. A. (1987): The Parental Alienation Syndrome and the Differentiation Between Fabricated and Genuine Child Sex Abuse. New Jersey: Creative Therapeutics.

4 Proksch, R. (1995): Praxiserfahrung mit Vermittlung. Mediation in streitigen Sorge- und Umgangsrechtsverfahren. In: Duss-von Werdt, J., Mähler, G., Mähler, H. (Hg.): Mediation: Die andere Scheidung. Ein interdisziplinärer Überblick. Stuttgart: Klett-Cotta, 144–165.

5 Mähler, H., Mähler, G. (1995): Mediation in der Praxis. In: Duss-von Werdt, J., Mähler, G., Mähler, H. (Hg.): Mediation: Die andere Scheidung. Ein interdisziplinärer Überblick. Stuttgart: Klett-Cotta, 129–143.

6 Margulies, S. (1992): Getting Divorced Without Ruining Your Life. A reasoned, practical guide to the legal, emotional and financial ins and outs of negotiating a divorce settlement. New York: Fireside.

7 Fisher, R., Ury, W., Patton, B. (1984 und 1993): Das Harvard-Konzept. Sachgerecht verhandeln – erfolgreich verhandeln. Frankfurt/ Main: Campus Verlag.

8 Pearson J., Thonnes, N. (1989): Divorce Mediation: Reflections on a

Decade of Research. In: Kressel, K., Pruitt, D. G. (Eds.): Mediation
Research. San Francisco: Jossey-Bass, 9–30.

9 Märtin, D. (1995): Die sanfte Scheidung. Mediation. Der neue Weg,
sich ohne Verlierer einvernehmlich zu trennen. München: Heyne.

10 Duss-von Werdt, J., Mähler, G., Mähler, H. (Hg.): Mediation: Die andere Scheidung. Ein interdisziplinärer Überblick. Stuttgart: Klett-
Cotta, 129–143.

2. Hilft uns die Mediation beim Entschluß zur Entscheidung?

1 Weiner-Davis, Michele (1993): Scheidungsvermeidungsprogramm.
Hamburg: Kabel Verlag.

3. Das Scheidungsrecht und die Mediation

1 Märtin, Doris (1995): Die sanfte Scheidung. Mediation. Der neue
Wege, sich ohne Verlierer einvernehmlich zu trennen. München:
Heyne Verlag.

2 Strecker, Christoph (1994): Versöhnliche Scheidung. Familienrecht
für Nichtjuristen. Berlin: Quadriga Verlag.

3 Münch, Eva Marie von (1996): Die Scheidung nach neuem Recht.
Alles über den Scheidungsverbund: Voraussetzungen, Verfahren,
Folgen. München: Beck Verlag.

4 Bürgerliches Gesetzbuch (BGB) (1995): 7, 54. Auflage. München:
Beck.

5 Mähler, H., Mähler, G. (1995): Mediation in der Praxis. In: Duss-von
Werdt, J., Mähler, G., Mähler, H. (Hg.): Mediation: Die andere Scheidung. Ein interdisziplinärer Überblick. Stuttgart: Klett-Cotta, 129–
143.

4. Wie kann die Mediation mir selbst und unserer Beziehung helfen?

1 Ricci, I. (1992): Mutters Haus, Vaters Haus. München: Piper.

2 Cassidy, Anne (1995): 1000 Moms reveal their Secrets for Enjoying
Life. In: Working Mother, 11, New York: Lans Communications,
26–38.

3 Felbinger, H. (1994): Nimm dir Zeit, nicht gleich den Nächsten. Ratgeber für Geschiedene. München: Piper, 66.

4 Ahrons, C. (1994): The Good Divorce. Keeping your Family together
when your Marriage comes apart. New York: HarperCollins.

5 O'Connell-Corcoran, K., Melamed, J. C. (1990): From Coercion to
Empowerment. Spousal Abuse and Mediation. Mediation Quarterly,
1990, 7, 303–316.

6 Frauenhaus „Die Kanne", Frankfurt (1996). Mündliche Mitteilung.
7 Hart, B. (1990): Gentle Jeopardy. The Further Endangerment of Battered Women and Children in Custody Mediation. Mediation Quarterly, 7, 317–330.
8 Pagelow, M. D. (1990): Effects of Domestic Violence on Children and their Consequences for Custody and Visitation Agreements. Mediation Quarterly, 7, 347–363.

5. Scheidungsmediation mit Kindern

1 Amato, P. R. (1994): Life-Span Adjustment of Children to Their Parents' Divorce. In: Behrman, R. E. (Hg.): The Future of Children. Los Angeles: Center for the Future of Children, 143–164.
2 Lansky's, V. (1989): Vicky Lansky's Divorce Book for Parents. New York: Penguin Books.
3 Gardner, R. A. (1987): The Parental Alienation Syndrome and the Differentiation Between Fabricated and Genuine Child Sex Abuse. New Jersey: Creative Therapeutics.
4 Lempp, R. (1976): Die Ehescheidung und das Kind. Ein Ratgeber für Eltern. München: Kösel.
5 Brauchli, A. (1982): Das Kindeswohl als Maxime des Rechts. Zürich: Schulthess.
6 Simon, D. V. (1984): Neuere Entwicklungstendenzen im Familienrecht aus juristischer Sicht. In: Remschmidt, H. (Hg.): Kinderpsychiatrie und Familienrecht. Stuttgart: Enke, 1–7.
7 Rechtssprechung (1986): Ausschluß des gemeinsamen Sorgerechts nach Ehescheidung ist verfassungswidrig. Der Amtsvormund, 11, 1055–1068.
8 Märtin, Doris (1995): Die sanfte Scheidung. Mediation. Der neue Weg, sich ohne Verlierer einvernehmlich zu trennen. München: Heyne Verlag.
9 Thompson, R. A. (1994): The Role of the Father After Divorce. In: Behrman, R. E. (Hg.): The Future of Children. Los Angeles: Center for the Future of Children, 210–235.
10 Ceci, S. J., Bruck, M. (1995): Jeopardy in the Courtroom. A Scientific Analysis of Children's Testimony. Washington: American Psychological Association.
11 Varendonck, J. (1911): Les témoignages d'enfants dans un procès retentissant. Zit. in: Ceci, S. J., Bruck, M. (1995): Jeopardy in the Courtroom. A Scientific Analysis of Children's Testimony. Washington: American Psychological Association.
12 Yates, A., Musty, T. (1988): Preschool Children's Erroneous Allega-

tions of Sexual Molestation. American Journal of Psychiatry, 145, 989–992.
13 Groner, J. (1991): Hilary's Trial. The Elisabeth Morgan Case: A Child's Ordeal in America's Legal System. New York: American Lawyer Books. Simon&Schuster.
14 Ahrons, C. (1994): The Good Divorce. Keeping your Family together when your Marriage comes apart. New York: HarperCollins.
15 Wallerstein, J., Kelly, J. B. (1980): Surviving the Breakup. How Children and Parents Cope with Divorce. New York: Basic Books, 1980.
16 Rosenthal, R. (1985): From unconsious experimenter bias to teacher expectancy effects. In: J. B. Dusek (Hg.): Teacher expectancies. Hillsdale, NJ: Erlbaum, 37–134.

6. Scheidungsmediation der Finanzen

1 Margulies, S. (1992): Getting Divorced Without Ruining Your Life. A reasoned, practical guide to the legal, emotional and financial ins and outs of negotiating a divorce settlement. New York: Fireside.
2 Märtin, Doris (1995): Die sanfte Scheidung. Mediation. Der neue Wege, sich ohne Verlierer einvernehmlich zu trennen. München: Heyne Verlag.
3 Strecker, Christoph (1994): Versöhnliche Scheidung. Familienrecht für Nichtjuristen. Berlin: Quadriga Verlag.

7. Alternativen zur Scheidungsmediation

1 Sherman, C. E. (1988): Practical Divorce Solutions. Occidental: Nolo Press.

8. Scheidungsmediation und der Neubeginn

1 Visher, E. B., Visher, J. S. (1979): A Guide to Working with Stepparents & Stepchildren. New York: Brunner/Mazel.

9. Mediation für andere Konflikte

1 Folberg, J., Taylor, A. (1984): Mediation. A Comprehensive Guide to Resolve Conflicts Without Litigation. San Francisco: Jossey Bass.
2 Behrens, D. (1996): Because Some Things Aren't Covered in the Wedding Vows. Los Angeles Times, February 12, 3, 3.
3 Fisher, R., Ury, W., Patton, B. (1984 und 1993): Das Harvard-Konzept. Sachgerecht verhandeln – erfolgreich verhandeln. Frankfurt/Main: Campus.

Stichwortverzeichnis